基础教育改革与教师专业发展丛书

基础教育改革与学生发展系列

小学语文情趣课堂

XIAOXUE YUWEN QINGQU KETANG

李亚玲◎编著

安徽师范大学出版社

责任编辑:黄成林

装帧设计:丁奕奕

图书在版编目(CIP)数据

小学语文情趣课堂/李亚玲编著.—芜湖:安徽师范大学出版社,2013.3(2014.7重印)

(基础教育改革与教师专业发展丛书)

ISBN 978 - 7 - 5676 - 0338 - 7

Ⅰ.①小… Ⅱ.①李… Ⅲ.①小学语文课—课堂教学—教学研究 Ⅳ.①G623.202

中国版本图书馆 CIP 数据核字(2012)第 319280 号

小学语文情趣课堂

李亚玲 编著

出版发行:安徽师范大学出版社

芜湖市九华南路 189 号安徽师范大学花津校区 邮政编码:241002

网 址:http://www. ahnupress. com/

发 行 部:0553 - 3883578 5910327 5910310(传真) E - mail:asdcbsfxb@ 126. com

经 销:全国新华书店

印 刷:安徽芜湖新华印务有限责任公司

版 次:2013 年 3 月第 1 版

印 次:2014 年 7 月第 2 次印刷

规 格:787×960 1/16

印 张:13.5

字 数:214 千

书 号:ISBN 978 - 7 - 5676 - 0338 - 7

定 价:24.00 元

基础教育改革与教师专业发展丛书编委会

总　序

　　"教育改革"在当下是一个出现频率非常高的概念,这种语言现象所反映的正是教育实践的客观现实。伴随着经济全球化、信息化和网络化的迅猛发展,世界范围的教育改革正一浪高过一浪,教育改革正成为一项持续不断的教育实践活动。可以说,变革已成为当代教育的一个典型特征。

　　同样,改革也是我国当代基础教育领域蓬勃发展的重要驱动轴。近年来,基础教育改革正在各个层面全面展开:在课程领域,综合课程、活动课程、微型课程、模块课程等正在逐步取得与学科课程同等的地位,并对促进学生的全面发展发挥着不可替代的作用;在教学领域,诸如探究式教学、互动式教学、学生自主学习、合作学习等一系列新的教学方式和学习方式也正在逐步取代某些传统的教学方式和学习方式,被师生广泛运用于教学过程之中;在德育领域,一方面,是某些陈旧落后的德育理念和模式正在为人们所摈弃,另一方面,多种新的德育理念和模式正在受到教育理论工作者和实践工作者的广泛关注并在学校德育实践中进行尝试和经受检验;在教育评价领域,传统的评价理念和范式同样日益受到人们的质疑与批判,与此同时,各种新的评价理念和范式层出不穷并被师生普遍接受和运用。

　　基础教育改革不仅使学校生活、师生关系和课堂面貌等发生了重要变化,也向广大教育实践工作者提出了新的更高的要求。持续不断的基础教育改革，使每一个投身于教育实践工作的人都面临着一系列无法回避的挑战。这种挑战，既意味着教育实践工作者不得不正视和思考教育改革带来的各种新的问题，同时也意味着他们在面对不断变化的教育实践情境时，必须采取适当、合理的因应与行动。

教育大计，教师为本；有好的教师，才有好的教育。这既是基础教育改革实践的强烈诉求，同时也是理性认识基础教育改革所形成的共识。好的教师，才有可能既娴熟自如地驾驭教育教学活动，最大限度地促进学生的发展，同时又能够有效地应对社会和教育发展所带来的各种新变化、新要求，成为教育改革的参与者和"弄潮儿"。好的教师由何而来呢？也许人们对这一问题有着各自不同的认识，也许不同的教师其成长的过程和方式各有差异，但可以肯定的是，好的教师既需要经受教育实践的历练，需要教育实践给予其充分展现的机会，同时，也需要接受教育理论的滋养，需要对教育教学的本质和规律性有着正确的认知和把握。

与教育实践工作者相同的是，教育理论工作者也正在面对教改所带来的诸多挑战。基础教育改革的蓬勃展开，也必然会对教育理论工作者提出如何恰当地回应教育改革、如何研究和解决教育改革中出现的各种新问题、如何引领教育改革的发展方向等诸多问题。可以说，在教育改革持续展开的背景下，教育理论工作者正面临着双重任务：一是必须及时研究和探索教育改革中不断出现的新情况、新进展，发现制约改革的各种因素和变量，揭示和分析教育改革发生发展的特点和规律；二是必须观照教育改革参与者特别是中小学教师的实践诉求，通过对教育改革实践的理论阐述，引领他们更加理性、有效地处理改革实践中所遇到的种种现实问题。

我们欣慰地看到,当前,已有很多学者对基础教育改革的一系列重要问题进行了深入的研究和探讨,从多角度、多方位提出了诸多有关教育改革的真知灼见,展示了学者们对教育改革实践的理性认识。然而,如何将这些理性认识转变为教育改革实践的理性行动,却需要做一番综合与转化工作。所谓综合,就是要对不同的理论研究成果,根据教育实践的逻辑,重新进行组合与梳理,以形成更加适合于教育实践的知识体系;所谓转化,则是要通过对知识的再加工和再创造,将原本用于精确表达思想和观念的科学话语体系,转变成实践话语体系,从而更加适合教育改革实践的需要。而本套丛书所努力达成的,就是这样的一个目标。我们期待我们所做的综合与转化的努力,能够产生切实的实践效果。

教育改革既涉及宏观层面,也涉及微观层面。仅有宏观层面的努力而缺失微观层面的配合与行动,教育改革不可能取得成功。宏观层面的教育改革主要是由政府来决定和实施,而微观层面的改革不仅需要政府的介入,更需要教育实践工作者的实际行动。我们编写这套丛书,主要的目标是指向微观层面,指向中小学教师的教育教学实践。丛书涉及当前基础教育改革和教师专业发展的诸多领域,主要针对当前基础教育改革和教师专业发展中所遇到或将要遇到的一系列问题而编写,以问题作为研究和讨论中心。我们期望通过聚焦教育改革实践中遇到的各种实际问题,借鉴中外教育改革的研究成果和成功经验,为教育实践工作者正确地认识和把握这些具体的实际问题提供指导和帮助。

本丛书主要包括教师专业发展系列、基础教育改革与学生发展系列、新课程教学探索系列、班主任工作系列、心理健康教育系列、教师专业标准系列等,读者对象主要是广大中小学教师。丛书的定位是理论与实际有机结合、介于学术著作和通俗读物之间,既注意吸收相关学科领域的最新成果,反映教育教学研究的前沿动态,又注重贴近中小学教师的工作和生活,对目前我国基础教育的实际以及教改实施与进展的状况进行分析和探讨,注重解决读者在实践中遇到的问题或困惑,努力做到科学性、前沿性、实用性的统一。丛书内容通俗易懂,深入浅出,每册书在内容上不求大而全,不求面面俱到,而是突出重点,将关注教师的需求放在第一位,尽可能为他们提供有针对性的思想和理论的引领,给他们以实践操作的启发。

我们相信本套丛书的出版,能让广大一线中小学教师获得所需的知识和有益的启示,对学校的进步、教师的发展和学生的成长发挥建设性的指导作用,为促进教育改革和教师发展增添些许动力。我们也期待着本丛书的出版,能够为师范院校相关学科的教学与研究提供更为丰富的素材,从而推动教师教育质量的不断提升。

编委会

二〇一三年一月

目　录

第一章　小学语文情趣课堂概述

第一节　什么是充满情趣的小学语文课堂

一、小学语文课堂需要情趣

在儿童视野下开展语文教学,要从关心语文教学转到关心儿童的心理和需要;从太关心自己的教法转到关心学生的学法,营造富有情趣的课堂,以生为本,努力焕发课堂的生命力;善用各种独特的话语,如质疑、幽默、立体的话语,创设情境,如创设故事、游戏、表演、实践、音乐等情境,走入生活就能让学生学习情趣飞扬。

随着年级的升高,学生对学习语文的兴趣在逐渐降低,这是事实。如何让学生快乐地学习语文,尽量把语文课上得富有情趣,是老师义不容辞的责任。情趣就是情感和兴趣,语文教学自身的特点之一是情趣。情趣是学生自主学习的基石,是学生学习的内在动力。我们只有在儿童视野下开展语文教学,才能让语文课堂充满情趣。

二、小学语文情趣课堂的特点

(一)和谐性

情趣的课堂必须是和谐的课堂。所谓课堂的和谐,一是课堂氛围的和谐:学生只有亲其师,才能信其道。师生关系的民主、平等、融洽、亲和,将使彼此感受到沟通的快乐,心灵的愉悦,这是情趣教学的基础。二是指教学目标与教学内容的和谐。三是指教学内容与教学形式的和谐统一:

采用什么样的教学形式,要根据教学内容来具体确定,在教学中做到节奏缓急适中,疏密有致,循序渐进,步步深入,学生有自由发挥的时间和空间,他们才能相得益彰,和谐共生。

(二)持久性

情趣的课堂必须具有持久性,即学生整堂课自始至终都能保持高涨的学习热情,良好的学习状态,积极投入、参与到学习之中。要想具有持久性,教师就必须在课前根据教学内容精心设计每一个教学环节,创设课堂的"情趣磁场",充分激发学生的学习主观能动性,全程参与,有效参与,提高和保持学习的效度。

(三)成功性

情趣的课堂必须具有成功性。所谓成功性,一是指要创造条件保证每一位学生在课堂学习过程中都有成功的体验,从而建立和提升后续学习的自信度,以更加饱满的热情和激情投入到每一堂课的学习当中。苏霍姆林斯基说,"成功带来的愉快是一股强大的情感力量",它可以促进学生好好学习语文。二是指课堂目标的达成,主要体现在板书设计里,融合在教学活动中,集中在破解题目上,升华在课堂小结中。

(四)创造性

情趣的课堂必须具有创造性。所谓创造性,一是指在尊重学生个性差异的基础上,鼓励学生独立思考、大胆想象、求新求异,努力培养学生的创新意识、创新思维;二是指教师的教学具有创新,结合学生的年龄特点和生活实际,灵活设计教学环节,引领学生富有情趣的阅读、体验、感悟、交流,教学效果显著。

三、小学语文情趣课堂的表现形式

语文教师要想使语文课堂充满情趣就要披文入情,将文本中生动美好的形象,以炽热的情感,用晓畅的语言,把作者寄寓在文中的思想情感淋漓尽致地传送到学生的心田之中,使其和作者产生共鸣,达到教师、作者、学生三方的情感和谐统一。这就是语文课堂的最高境界。

课堂教学中充满情趣，是教师引领学生正确体悟教材情感的前提。教师在执行这一任务的过程中离不开学生的主体作用的发挥，教师引导得好，学生往往能主动地感知教材，准确地领会文章中的情感，或被人物精神所感染，或被优美景观所陶醉。随着情感蓄积加深、情势加剧，学生就会产生急于喷发的动机，出现了"情满而溢发"的现象。

对于语文教师而言，怎样使自己的课堂真正做到情趣盎然呢？

首先，认真钻研教材，把握作者思想感情。刘勰在《文心雕龙》中曾经说过："夫缀文者情动而辞发，观文者披文以入情。"语文教材是情感传播的载体，是人类情感的结晶，需要教师自己真正走进课文的情感世界，真正达到情蓄于胸而自发的那种自然程度，在这样的基础上引导学生体会、领悟、反思，课堂上才能撞击出学生心灵的火花，激发出学生思想感情的共鸣。这样，学生的心灵必将随之震动，情感必将随之勃发。

其次，精心设计开头语，拉动学生心绪。如何打开学生情感的窗户，激起学生思想的浪花，拨动学生心中的情弦，精心设计一堂课的开场白是很重要的一环。寥寥数语，如投石击水，从情感上一下子牵住了学生，从而激起他们感悟课文的兴趣。

第三，通过情趣朗读，激发学情。语文教学离不开阅读，而朗读是最基本的阅读方式。实践证明，教师生动富有感情的朗读可以从听觉上感染学生的思想情感。学生听中悟情，听中入情，听中动情，听中生情，会产生水乳交融、和谐共振的效果。作者、教师、学生三者的情感完全产生了共鸣，获得了潜移默化的艺术效果。

第四，字斟句酌，体会作者情。如果将一篇精美的文章比作一棵枝繁叶茂的大树，那么，文中丰富多彩的词语就好比生机勃勃的叶子，琳琅满目的句子好比千姿百态的树枝，"叶"、"枝"与"树干"血脉相连。而好文章又总是有感而发，因情生文，作者的思想感情如血脉一般贯穿文章始终，正如大树的"树干"一样。教师教学时要认真理解词语和句子所浸润的作者的思想感情。教学时指导学生精心品味重点字句，既加深了学生对文章内容的理解，又使学生得到思想上的启迪，从而深刻理解作者的写作情感，达到学生情、作者情、教师情的和谐统一。

第五，创设情境，再现学情。"作者胸有境，入境始与亲。"在语文教学中，运用图画、摄影、幻灯、音乐、语言描绘和动作演示等方式创造与渲染气氛，调动学生的感觉器官和思维器官，使他们耳濡目染，进入课文中所描述的情境，努力触摸作者的思想感情。创设情境，注情于物，移情于境，引导学生把心放进去，入其境而知其事，明其境而通其情。

第六，挑起情绪高潮，触摸作者感情。著名语言学家索绪尔指出，语词的声音变化本质是属于心理的，语音的多种表达形式都是作为主体对客体的情感评价而存在的。

总而言之，作者、教师、学生三者的感情共鸣构成了语文教学丰富的情感内涵。语文作为传情达意的工具，所富有的特殊情趣性决定了它在传递知识、训练能力、灌输思想时应情注其中，意蕴其内，努力通融三方情感，拨动情弦，充满情趣，完成培养和发展学生情趣的独特使命。

第二节　为什么要让小学语文课堂充满情趣

一、基于小学生心理特点

小学生心理发展是指小学生个体心理所发生的积极的心理变化。小学生的心理主要包括学生的认识、情感和意志、个性三个方面。

(一)认识特点

1.感　知

感知包括感觉与知觉。感觉是人脑对直接作用于感官的刺激物的个别属性的反应，知觉是对事物的整体反映。总体来说，小学生的感知能力较差，抽象思维能力尚未形成，思维形式以感觉运动模式为主，模仿能力较强，往往对新颖的示范动作感兴趣，而对老师的讲解缺少热情。

2.注　意

注意是心理过程对有关对象的指向与集中。在小学阶段，注意的发展主要有以下表现：(1)由无意注意占优势逐步发展到有意注意占主导。小学低年级学生无意注意仍起重要作用，他们的有意注意基本上是被动的。(2)对具体生动、直观形象的事物的注意占优势,对抽象材料的注意处于逐步发展阶段,特别是低年级学生的知识水平和言语水平很有限,具体形象思维占重要地位。(3)注意有明显的情绪色彩。总体来说,小学生的有意注意水平低,注意的范围狭窄,注意的稳定性、分配和转移能力以及自觉性和灵活性都较差。

3.思　维

思维能力发展方面,主要表现在以下几个方面:(1)学生思维的发展是从具体到抽象,从低级到高级,既有连续性又有阶段性的发展变化过程。(2)抽象逻辑思维发展不平衡。在整个小学时期,儿童的抽象逻辑思维水平不断提高,思维中抽象的成分日渐增多,但在不同的学科、不同的教学内容中表现出不平衡性。(3)抽象逻辑思维从不自觉到自觉。(4)辩证逻辑思维初步发展。小学儿童辩证逻辑思维发展水平随着年龄的增长而提高。小学一、二、三年级是辩证逻辑思维的萌芽期,四年级是辩证逻辑思维发展的转折期。整个小学阶段,辩证逻辑思维发展水平不高,属初级阶段。

(二)情感和意志特点

情感是人们对客观事物的态度体验和相应的行为反应。青少年时期是身心发展最迅速的时期,小学阶段学生情感体验丰富、生动,表现强烈、鲜明,但是对情绪和情感的控制不够。学生情绪波动比较大,反应强烈、变化快、波动起伏大,他们富于激情,一旦环境适宜,他们的激情更易爆发出来,常为一些小事狂喜或悲痛。意志是人们自觉克服困难,实现预定任务的心理过程。小学生意志的独立性、果断性、坚持性和自制性都比较差,事情的完成一般都来自外部压力。

(三)个性特点

个性是个人的整个心理面貌,包括与他人相同的心理特征,也包括区别于他人的意识倾向及较稳定的心理特征的总和。对于小学生来讲,动机和兴趣是其个性的集中表现,直接动机占主导地位,随着年龄增长间接动机也逐步增加。小学生对事物的选择与判断主要来源于自身的兴趣、爱好,能否完成在于直接动机的强烈程度,当遇到困难时,完成的欲望就可能消失。

个性发展的过程是自我意识发展的过程,也是个体不断社会化的过程。据调查,小学生的个性发展表现出如下趋势:(1)一年级到三年级处于上升时期,一年级到二年级的上升幅度最大,是上升过程中的主要发展时期。(2)三年级到五年级处于平稳阶段,其年级间无显著差异。(3)五年级到六年级又处于第二个上升期。

二、基于《义务教育语文课程标准》的要求

语文课程中有大量具体形象的、带有个人情感和主观色彩的内容。人们对于语文材料有理解一致的地方,否则人际交流就无法进行。但是在很多情况下,由于个人的知识背景、生活经验、体悟的角度等方面的差异,面对同样的作品,特别是文学作品,人们会有不同的理解和感受。这是完全正常的,正如人们常说的,"有一千个观众就有一千个哈姆莱特"。因此,语文教育特别需要提倡师生之间的平等对话,也特别需要尊重学生独特的情感体验和有独创性的理解。

具有丰富人文内涵的语文课程对学生的情感、态度、价值观的影响必然是广泛而深刻的,所以不能不重视语文课程的熏陶感染、潜移默化的作用。也正是因为如此,必须重视对语文教学内容的认真选择。

提倡师生之间的平等对话,也就是说学生、教师平等交流、共同探究、相互启发,共同进入文本所营造的特定情景,接受感染和熏陶。

《义务教育语文课程标准(2011年版)》指出:"学生对语文材料的感受和理解又往往是多元的",要尊重学生在语文学习过程中的独特体验。多元是什么?独特体验是什么?就是用自己喜欢的方式来表达。可以画,用线条、色彩、浓度、构图、层次来传递自己对语言材料的感悟;可以唱,旋律的柔情与奔放,曲调的忧伤与欢乐,节奏的强弱与快慢,以及演唱形式的选择;可以列图表,矩形的、扇形的、线形的,等等;可以表演,口语表达加上肢体语言的运用会更生动地演绎文本,道具的使用更会让表演锦上添花;可以列数据,数据始终是最有说服力的符号。当然,还可以用有感情的朗读来展示,用语言来说明语言,用语言来解析语言;还可以是

只言片语的写作,用自己的笔,写自己的感悟,写自己的理解。在语文学习过程中,培养爱国主义感情、社会主义思想道德和健康的审美情趣,发展个性,培养合作精神,逐步形成积极的人生态度和正确的价值观。

具有独立阅读的能力,学会运用多种阅读方法。有较为丰富的积累和良好的语感,注重情感体验,发展感受和理解能力。能不拘形式地写下自己的见闻、感受和想象,注意把自己觉得新奇有趣或印象最深、最受感动的内容写清楚。教科书应符合学生的身心发展特点,适应学生的认知水平,密切联系学生的经验世界和想象世界,有助于激发学生的学习兴趣和创新精神。

充分发挥师生双方在教学中的主动性和创造性,语文教学应在师生平等对话的过程中进行。学生是语文学习的主人。语文教学应激发学生的学习兴趣,注重培养学生自主学习的意识和习惯,为学生创设良好的自主学习情境。自主合作探究的学习方式与有意义的接受性学习相辅相成。应尊重学生的个体差异,鼓励学生选择适合自己的学习方式。

教师是学习活动的组织者和引导者。应转变观念,更新知识,钻研教材,不断提高自身的综合素养。应创造性地理解和使用教科书,积极开发课程资源,精心设计教学方案,灵活运用多种教学策略,引导学生在实践中学会学习。

要运用多种识字教学方法和形象直观的教学手段,创设丰富多彩的教学情境,提高识字教学效率。

阅读是学生的个性化行为,应引导学生钻研文本,在主动积极的思维和情感活动中,加深理解和体验,有所感悟和思考,受到情感熏陶,获得思想启迪,享受审美乐趣。要珍视学生独特的感受、体验和理解,不应完全以教师的分析来代替学生的阅读实践,也要防止用集体讨论代替个人阅读,或远离文本过度发挥。

三、基于小学语文课堂学习的特点

随着语文课程改革的逐步推行,新课程理念的价值在具体的教学活动中渐渐显示出来,而作为语文教学的主阵地——课堂,更应呈现出前所未有的新气象、新生机。与传统的语文课堂相比,新课程理念下的语文课

堂教学,应该把握住以下几个鲜明的特征:

(一)课堂教学目标要有整合性

语文新课程强调课堂教学目标应是知识与技能、过程与方法、情感态度与价值观三个维度的有机组合。如人教版四年级下册教参范例中《万年牢》一文教学目标表述为:(1)能自主阅读了解课文内容,并画出作者对父亲尊敬的句子;(2)能说出课文中主要叙述了哪些事件,并说明哪些事情略写,哪些事情详写及其对表达中心的作用;(3)能围绕父亲做糖葫芦所讲的事情中感悟到父亲做事认真、实在。

不难发现,现在的教学目标设计要我们教者兼顾三个纬度,学生在找出句子、整理内容的过程中,逐渐理解作者记忆中的父亲的形象,也体验到了作者对父亲做事认真、做人实在的敬重之情。

(二)课堂教学内容要有开放性

新课程理念下的语文课堂教学要充分利用母语社会背景这一得天独厚的条件,走"开放式"的语文教学道路。具体地说,就是以学生的认识需求和原有认识结构为出发点,以语文课为信息之源,纵横延伸,立体展开,引进与课文相关联的信息,为课文知识的学习、能力的训练、情感的体验架设桥梁,构建认知框架,最后达到同化课文,改变并发展学生认识结构的目的。如教学李白的《黄鹤楼送孟浩然之广陵》,首先让学生课前搜集有关送别的诗词,然后在课堂上让学生结合课文比较同是送别作品的内在感情的差异,同时补充背景,让学生领悟诗情,走进诗人的心灵世界,最后再联系现实生活,深切感悟古人之别与今人之别内涵的不同。通过这些有机联系,使得语文课由单向而转向辐射,由平面而转向立体,由封闭而转向开放,激发了学生学习课文的浓厚兴趣,拓展了学生的视野,加深了对课文的理解。

(三)课堂教学方式要有互动性

走进语文新课程,扑面而来的是师与生的和谐、民主、平等的气氛。在课堂上,不管是自主性学习、合作性学习,还是探究性学习,呈现的都是师生双方以平等的心态相互交流、相互沟通、相互补充，分享着彼此的思考、经验和知识，交流着彼此的情感、体验和观念，丰富着教学内容，获取新的发现，最终达成共识、共享、共进，实现教学相长和共同发展。在这样的课堂里，师生互教互学，彼此形成一个学习共同体。如在教学《生命 生命》这一课时，老师只是起主导作用，以学生为主体，教学生在反复深情朗读中揣摩课文中蕴涵的意境，积极引导学生进入文本去感悟作者对生命的思考。

（四）课堂教学过程要有活动性

新课程语文倡导教学过程的活动性，教师要尽可能把过去由自己包办的讲析提问转化设计成学生的多种活动，不仅让学生读一读、写一写、说一说，而且让他们画一画、唱一唱、演一演、猜一猜、做一做……通过学生的自主活动，让学生掌握知识，并融会贯通，烂熟于心。如教学《纸奶奶的生日》一课，让学生在课上扮演纸奶奶及其子孙，要求一提出，学生情绪高昂，非常活跃，一头扎进课文中，去琢磨童话中"人物"的言行，体察"人物"的感情，最后通过小组讨论明确人物的思想性格。这堂课因有学生的全面活动，学生很快理解了纸的"家族"演变史，非常容易地把握了文章的主旨，这比单纯的讲析效果不知要好多少倍。

（五）课堂教学组织形式要有灵活性

新课程理念要求我们的教学组织形式也要具有灵活性，在课堂教学中想方设法组织学生运用自主、合作、探究等灵活多样的学习方式。在活动主体上，既有教师讲学生听，也有学生讲师生听；既有小组合作探究，也有组间争辩。在座位方式上，既有马蹄式，也有圆圈式；既有秧田式，也有小组式。在学习空间上，既有室内封闭式课堂，也有室外开放式课堂，一切变化都根据教学内容、学生的发展而定。

总之，小学语文教师必须吃透新课程标准，尤其对新课程理念下语文课堂教学的特征要有准确把握，只有做到心中有数，才可能创建出一个个充满生机、充满活力的学生乐学、善学、要学的语文课堂。

第三节　怎样使小学语文课堂充满情趣

一、用心的教师才能让课堂充满情趣

语文教学质量是语文教学的生命线,提高语文教学质量是语文教师义不容辞的职责。为了有效提高学生的学习水平,努力提高学生的语文学习成绩,作为语文老师一定要用心。教师应实现由教书到教学的转化,由教学生知识到引导和启发学生运用这些知识去探索他们未知的实践,再到帮助学生学习寻找"水源"的方法和培养"取水"的能力。

(一)让孩子们爱上语文课

语文课是开放的课堂,因为它的开放就需要我们想尽办法去和孩子们开发语文学习资源,正是在这种开发教学资源中师生玩在一起、学在一起,创造了快乐,更收获了情感。无数次和孩子们走出校园,去看花开花落,去感受季节变化,去寻找家乡的巨变。让孩子们自己动手买材料包饺子、下饺子、吃饺子,孩子们在笑声中体会酸甜苦辣。让孩子们感受生活就是语文,语文就是生活。

丰富自己的课堂教学形式,让孩子们成为课堂的主人。语文课堂当然是语文学习的主阵地,所以要不厌其烦地备课,然后又从不按备课的内容上课。备课就是为了备知识点,备重难点,具体的教学环节和教学设计完全看当天语文课上孩子们的情况来定,也就是每天以最快的速度安排最适合当天教学的课堂教学形式,这些都是根据不同的课文和孩子们的接受情况来定的。有的课堂完全由孩子们做主,有的课堂以多媒体课件展示为主要的教学形式,有的课堂教师的主导作用占多一点。但是,课堂上只有一以贯之的平和的教学风格,没有放之四海而皆准的教学套路。最让我快乐的是孩子们喜爱我们的课堂,这正是我们追求的。站在讲台上,或是走在孩子们之间,孩子们的眼光闪烁,与我们快乐地交流,这就是我们最大的喜悦。

（二）教师自己爱语文课

一节课无论是自己上还是听课老师，如果感觉四十分钟太长，那这节课肯定上得不成功；孩子们在不知不觉中结束了一节课的学习任务，下课铃响了还意犹未尽，那这节课肯定是成功的，至少孩子们是喜欢的。在课堂上，把孩子们当成自己的朋友，与他们平起平坐，每当坐到孩子们之中一起聆听班里的小老师的精彩教学时，那是我们最满足的时候。在我们的课堂里，让每个孩子都能展示自己的风采，是我们一直追求的，让他们在我们的课堂上找到自信。这样的情感培养使我们的课堂上充满了每个孩子快乐的话语，所以我们乐此不疲。

作为一名语文老师，最让我们快乐的还有批改孩子们的作文或是日记，这是他们的创作，也是对我们平时教学的检验。看着孩子们的写作水平在一天天提高，我们无比自豪。每当徜徉在孩子们的语言世界里，我们的心也变得童真和幸福。每次作文评讲课，孩子们评讲得头头是道，俨然一个个内行的语文教师，恰当的评语，灵动的点拨，真让老师有些汗颜。每天我们的课堂都是不一样的，我们都能获取不同的知识和快乐。在孩子们的笑声中，我们收获了最大的愉悦。

（三）语文教学促进自己的专业成长

做一名语文教师其实不难，想做一名专业性的语文教师其实很难，也许追求一辈子也无法实现。语文教师要具备"有深厚的语文功底，有高超的引导技艺，有揭示整个作品内在生命力的能力"。要做到这三点，就需要我们不断地去学习，去博览群书，上下求索。我们只有做到这三点，才能有所进步。

因为害怕做不好语文老师，因为停留在原有的知识层次上实在不能胜任这项工作，因为孩子们渴求知识的强烈愿望，促使着我们要不断地去学习去奋斗，不仅是学历层次的提高，还有理论的学习。总觉得自己没有学好，总觉得时间不够用，因为作为一名语文老师我们要学的实在太多了。特别是现在的高年级语文教学，没有广博的知识，在课堂上很容易被学生难倒。更多时候，是孩子们告诉我们答案，这时没有知识上的权威更是老师乐意的事。

有深厚的语文功底,有高超的引导技艺,这是一名专业型语文老师必须具备的。要做到这些就必须有一颗谦虚学习的心,一种孜孜不倦的追求精神。

二、有爱心的教师才能点燃课堂情趣

从事语文教学,内心最真切的感受就是:一个好的语文老师需要承载的东西实在太多。语文教师不是幽默大师,但要有带给学生快乐的本领;不是语言大师,但是要有娴熟的驾驭语言的能力;不是艺术家,但要有敏锐的观察力、独特的审美力;不是演员,但要有激情;不是模特,但要有规范得体的体态语言;不是救世主,但要有一颗慈善包容的心。更为重要的是,语文教师还要承载起寻求一条能将素质教育和应试教育较好地结合起来的道路,在帮助学生提高考试分数的同时,最大限度地激发其学习语文的兴趣,奠定其文学素养的根基。于是有人叹曰:苦哉,语文老师;累哉,语文老师。

但是,如果我们转动灯火的方向,依旧能照亮阑珊处。在烦琐细碎的语文教学中,如果我们抓住两个关键点,也可从层层枷锁中解放出来,从中感受到当语文教师的快乐。

第一要掌控好课堂。

首先要精心备课,以"一览众山小"的气势走入课堂。教师要拥有驾驭课堂的本领,就必须对教学内容深谙在心。每上一篇新课,都会先认真吃透教材,独立地研读课文,把自己探究的全过程摘要地记录下来,在这个基础上再去看教参,读资料,将自己的见解同别人的见解比较,理性地决定取舍,内化成自己独到的见解。这样在课堂上教师才能站在作者的立场上与学生对话,提高自己的驾驭教材的能力,做到上课得心应手,游刃有余。只有用心备好每一节课,才能在教学过程中信心百倍,促使学生上好语文课,从而提高课堂教学质量。

其次要把握好课堂教学逻辑顺序,当好"引路人"。教师要在短暂的四十分钟完成教学任务,讲课逻辑十分重要。每上一堂课,对教学程序的安排,都要在草稿本上写好几遍,反复琢磨,想了再否,否了再改,直到觉得流程符合教学逻辑,符合学生的认知规律才敢定案。

再次要创设宽松自由的课堂教学环境,让语文的课堂闪射着学生的灵性。教育就是用一朵云去推动另一朵云,用一棵树去摇动另一棵树。的确,教育从本质上讲,不是传输,不是给予,而是一种师生间的平等交往和心灵对话。但是,这种对话有着极其复杂的存在方式,或有形,或无声,或外显,或内隐,随时随地藏匿在师生的交往活动之中。在课堂上总是尽量微笑着面对学生,以一种善意的、平等的姿态站在讲台上,不断称赞学生的点滴进步,鼓励学生积极发言,说出独立见解。

第二要点燃激情,用爱心开启智慧之门。

对语文课堂要有激情。"学生不是填充知识的容器,而是正待点燃的火把",教师便是点燃每一个火把的人。老师的精神状态是影响教学氛围的一个重要因素,因为老师一走进教室,学生就会受到感染。如果教师精神饱满,言语充满情感,学生就会感到精神焕发;如果教师一脸病态,无精打采,说话有气无力,学生就会觉得压抑。每一次走进课堂尽量做到兴高采烈、斗志昂扬,用自身的语言来感染学生、带动学生,为学生创设良好的学习氛围。教师饱含激情了,学生才会愿意跟着你学,爱听你讲课。

对学生要有激情。常言说,寸有所长,尺有所短;月有圆缺,学有迟速。学生的差异性必然存在。著名教育家韩凤珍说过:"难教育的孩子,都是失去自尊心的孩子;所有好教育的孩子,都是具有强烈自尊心的孩子。教育者就是要千方百计地保护孩子最宝贵的东西——自尊心。"我每次批评学生,都是说,你这样好,那样好,知道吗?老师很喜欢你,对你充满了希望,只有一点不好,如果改掉它,你就是非常完美的甚至值得老师崇拜的学生。学生听了会受多大的鼓舞啊!对学生的这种激励,别的不说,仅从对我们语文课堂的教学来讲,就是最神奇的催化剂。当然,对于后进生,我们往往都会有恨铁不成钢的想法。但是如果站到更高的角度来看问题,也许我们的心胸就开阔了。我班有位听话的女生屡考不好,为了不挫伤其积极性,我在她的试卷上写了几句鼓励的话:"春天的花姹紫嫣红,多漂亮啊。但是为什么有的花先开,有的花后开呢?只是因为各自的本性不同。迟开的花不但同样美丽娇艳,而且往往花期更长,更易得到蜜蜂蝴蝶的眷顾。真诚地告诉你,你不是比别人笨,而只是一朵迟开的花而已!"在以后的语文课上,我总能看到她对我投来的信任的眼神。是啊,一滴水可以润活一朵花,然后美丽一个世界,老师的爱心就是滋润学生心田的甘泉。

三、关注学生个性发展才能使课堂情趣盎然

随着社会的不断变革和发展,人的情感从情绪发展而来并走向成熟。情感发展水平的标志主要反映在情感与理智的关系上。一个人要想与众不同,要有个性,必须有高度的自制力,以及正确利用和控制自己情感的能力。因此,情感教育对个性发展有着重要影响。在理论上弄清情感教育与个性发展的涵义与特征,是教育工作者思考和探索的重要课题。

(一)挖掘教材之美,丰富学生的内心

语文课程具有丰富的人文内涵,对学生的情感、态度、价值观的影响必然是广泛而深刻的,所以不能不重视语文课程的熏陶感染、潜移默化的作用。

首先是语文教材中的语言文字美。中国的文字是很好的美育素材。中国的文字是在象形文字的基础上发展起来的象形、表意相结合的文字,象形字、形声字俯拾即是。中国的文字大约有三千多年的历史,用文字作为载体的文化成果可以说是浩如烟海。通过学习生字,学生也可以受到审美的教育,如汉字的结构之美、韵律之美。中国作为一个举世闻名的文明古国,具有五千多年的历史,从古到今产生了大量的优秀作品,诗歌、散文、小说等都有许多优秀的代表作。这些作品的文字之简洁、语言之优美是十分突出的。充分利用语言文字的美,把中国语言文字的美教给学生,让学生了解中国古代文明的悠久历史,培养学生热爱祖国语言文字的情感,进而热爱我们伟大的祖国。

其次是语文教材中的自然美。语文教材中的许多课文是描述大自然的,例如《美丽的小兴安岭》描写了祖国东北的小兴安岭一年四季的变化;《庐山云雾》,紧扣住庐山云雾的特点,运用联想、比较和比喻等方法,以明快优美的语言,描绘了庐山那秀丽多姿、神奇多变的景观,抒发了作者对祖国美丽山河无比热爱的美好感情。在教学过程中,充分利用这些

教材提供的美育因素,对学生进行自然美的教育,让学生感受大自然的美,感受祖国大好河山的美,提高学生的审美情趣。

(二)加强阅读指导,培养学生的情感

在阅读教学中,要加强指导,激发学生的阅读兴趣,诱发学生的表现欲,注重情感、审美的体验,促使其表现自我,享受成功,培养学生积极健康的情感。

1. 培养阅读兴趣

"兴趣是最好的老师",对阅读有兴趣,就为学生持续阅读和提高阅读能力提供了内在条件。义务教育语文课程标准指出:要培养学生喜欢阅读、感受阅读的乐趣。有乐趣才会喜欢,那么怎样使学生感受阅读的乐趣呢?一是选择"浅近"的内容。小学生,他们的阅读能力有限,为此,我们要尽可能地选择浅显、接近学生生活实际的阅读材料,如童话、寓言、故事等,让学生感兴趣,这样便于学生运用生活经验帮助读懂,能读懂就有收获,就有成功的快乐。二是要阅读形式多样化。如读一读、演一演、画一画、唱一唱、比一比等,同时采用现代化的教学手段,让学生聆听美的声音,欣赏美的画面,感受美的形象,激发学生的表现欲,发展学生的个性特长,鼓励学生个性化的体验和表达方式,使阅读成为赏心悦目的享受,成为学生自我表现的舞台。三是要关注学生的个体差异,积极地看待每个学生,充分肯定每个学生的进步,实现教育的多落点。这样,学生在阅读中得到了知识,得到了美的享受,表现了自我,获得了成功,就一定会感受到阅读的乐趣,就一定会喜欢阅读。

2. 注重情感体验

注重情感体验是义务教育语文课程标准关于阅读的基本要求。语文是人文性很强的学科,大多数阅读文章都包含了浓厚的感情色彩。为此,我们在阅读教学中要积极引导学生去体验这种感情,让文章所描绘的自然美、情节美、人物形象美等给学生以情感的熏陶、感染,培养学生的情感。

四、创新性是情趣课堂的生命

语文教育应该而且能够为造就现代社会所需的一代新人发挥重要作

用。为了能够适应未来社会的发展,作为基础学科的语文必须立足于创新,进行创新教育。教学创新是指由教师通过创新性教学方法培养学生创新性学习的过程。教师需要不断地进行教学方法的改革,进而培养学生的创新精神和创新能力。

(一)创设民主和谐的情感性教学环境

情感性教学环境不仅是优化认知过程的催化剂,而且这种环境能影响一个人一生的价值定向和爱的方式生成。从这一意义上来看,课堂教学与其说是师生之间的信息交流过程,不如说是师生之间情感信息的交流过程。只有在亲密融洽的师生关系和民主和谐的教学氛围中,学生对课堂教学才有一种安全感和愉悦感,才敢于真实地表现自己,充分发挥自己的主观能动性。

为了创设民主和谐的教学氛围,教学中需要注意:

1. 相互尊重

师生彼此尊重的关键在于教师要尽可能地尊重每一个学生,要尊重学生在教学中的主体地位;要尊重学生的自尊心;要尊重学生的个性特点。只有教师尊重每一个学生,学生才会以同样的态度尊重教师,才能建立和谐的师生关系。

2. 教学民主

研究表明,在民主型的师生关系中,学生之间、师生之间的情感融洽,情感表现最好。大量教学实践证明,只有在一个民主、平等、和谐、活跃的教学气氛中,师生才会彼此尊重、互敬互爱、相互促进、教学相长。

3. 以情激情

教师在教学中要以情动人,用自己积极的情感去感染学生,以引起师生之间的感情共鸣,渲染课堂气氛。

4. 师生互爱

爱是师生关系的核心,教师要通过自己对学生的关怀,通过各种表情动作,表达对学生的情感,达到与学生心灵交流的目的。

(二)强化教学主体的参与意识

学生主体参与是在教学环境条件下的一种特殊活动,是一个师生互动的过程。有效的参与是个体对正直和尊严的渴望,是以采取主动的能力为先决条件的。学生从被动学习转向主动学习,并参与到教学全过程中,关键在于教师。

要想使学生积极主动地参与学习,必须处理好以下几层关系:教师讲授与学生接受的关系;整体推进与个别化的关系,既要保证班级整体教学的高质量、高水平,又要适应学生个体的差异性,注重学生的个性发展,分层分类地推进,使每一个学生都能积极主动参与;学生参与过程中合作与竞争的关系。

上述关系能否处理好,关键就在于教师在教学中采取什么样的措施。如果把教师的角色定位于学生发展的合作者、鼓励者和引导者,那么将会对增进学生主体参与意识提供很好的动力。

可采取的措施有:(1)将学生由被动接受知识的地位,推向主动探究、获取知识的前台。教师的任务就是将学习的任务与学生学习的愿望有机地统一起来,用一种平等合作的态度和语气与学生共同商讨某个阶段的学习目标和学习形式,使学生体验到只有在自己的努力下,才能完成学习任务。(2)要注意个别差异,尤其是对那些主动参与意识差的学生,应热情鼓励他们,以此来增强他们的自尊心和自信心,并且帮助他们改正思维方式和学习策略、方法,使他们及时走出学习和发展的困境,进入良性循环的发展轨道。(3)要从多方面培养学生参与意识,不断提高他们主动参与的能力。积极主动参与的意识表现在很多方面:好奇心强,对知识有强烈的渴求;勇于探讨并能提出自己的观点;尊重他人的不同观点和意见,不固执己见;面对困难和挫折不轻易低头等。

(三)关注所有孩子的个性特点,平等对待每一个学生

关注后进生的教育,如何正确引导后进生进行有效自主学习,提高后进生的学习兴趣,让他们积极地参与到课堂教学中来,有着非常重要的现实意义。

教师在课堂讨论中要给后进生们比其他学生更多的机会,热情地邀请他们参与到课堂讨论中,使他们受到更多的锻炼。当他们不愿或不敢参与讨论时要鼓励他们,告诉他们只要回答了、参与讨论了就是好的,只

有不回答、不讨论才是不好的；当他们回答错误时不能批评，要帮助他们改正错误，并赞许他们敢于回答问题的勇气，争取下次答好；当他们圆满地回答问题后，教师要积极地给予表扬。

在课堂中面对孩子们的发言，努力寻找其中值得肯定甚至欣赏的地方。哪怕是回答并不完全对，也要先肯定其中值得赞赏的地方，增强发言同学的积极性和自信心。

眼睛是心灵的窗户，上课时老师的眼神中流露出由内而外对学生的肯定和赞赏，会给学生予以真诚和期待，树立他们参与课堂的自信心。用你的眼睛对他们说话，如：学生起来发言时，专注的眼神；学生发言错了，没关系鼓励再来一次的眼神；学生调皮时，希望改正的眼神；学生有问题时，关注的眼神。

老师的"手语"在课堂教学中也会发挥鼓励、安慰、提醒学生的作用。如：走近学生，对不舒服的学生轻轻地抚摸表示关心；轻轻拍打肩膀表示鼓励；稍用力的拍打是提醒；在全班竖着树起三个手指是集中注意力等。这些无声的语言，有时胜过千言万语，在与同学的默契中提升了彼此的信任。

另外，教师要从多方面多角度去关注。关注他们的学习，关注他们的言行，关注他们的成长，处处关心，时时关心，在教学中关注每一位学生。我们因何感到学生的可爱，不就是实实在在、真真切切的关注吗？不就是关注了学生的喜、怒、哀、惧、爱、憎、忧吗？不就是要民主施教吗？"一切为了每一位学生的发展"是新课程的核心理念。无论我们做什么、想什么、学什么，归根结底都伴随着学生的情绪表现。它可以使我们体验到欢乐、幸福，也可以使我们感受到痛苦、忧伤；它可以令我们奋发进取，也可以令我们畏缩不前……所以，学生的学习、言行及成长情况都通过情绪告知了我们。课堂中学生喜、爱的释放，正是他们在学习中所产生的一种愉悦、积极的情绪表现。对于那些在学习上存在或出现问题的学生，在课堂中表现憎、怒的学生，则是对我们教学及他们自身道德的反映。所以，我们要以宽容的心态、关爱的心理、耐心而细致的态度，关注学生的情绪生活和道德生活，使他们想学、要学、会学，有爱心、信心、同情心和责任感。

第二章 精彩导入为情趣课堂做好铺垫

第一节 故事导入,激发学生情感体验

在教学过程中,导入起着十分具体的作用。导入环节虽然在每节课中所占的时间不多,但所起到的作用是不可忽视的。课堂导入在教学过程中的具体作用主要表现在以下几个方面:(1)良好的课堂导入可以引起学生注意,激发学生学习兴趣;(2)良好的课堂导入可以铺设桥梁,衔接旧知识与新知识,以旧知识带动理解新的知识;(3)恰当的导入对学生起诱导作用,让学生的追求和情绪沿着教师预先设想的方向前进;(4)导入对整个语文教学过程起着总领作用,总领作用主要表现在对整个教学过程的驾驭和课程内容的总体把握。

引人入胜的开头,能强烈地激发学生的学习热情,其主要原因是使学生对教学内容产生了特殊的认识倾向,即发生了兴趣。兴趣是人们从事各项活动的内驱力之一,它会明显地提高人的活动效能。由于学生饱尝欢乐,心情舒畅,当然就会使他们的学习兴趣不断发展,使认识逐渐深化。

一、讲故事,有情有趣学古诗

故事是经讲解人加工过的艺术品,讲解人把自己对故事的理解通过声音"化妆",包括对语调、速度、重音、停顿等的艺术处理,使故事像润物的春雨,滴滴滋润着孩子们的心田。它不仅艺术地表达了作者的思想感情,使孩子们从中知道了善与恶,懂得学习了什么,扬弃了什么。与此同时,又获得了各方面的知识,对学生具有强烈的感染力。我们在教学中常会发现,许多上课不专心听讲的学生,听故事却听得聚精会神、津津有味,

唯恐自己少听一句，可见故事对学生影响之大、感染力之强。在教学古诗前，可以把诗人的心态、所处的时代背景、古诗中的科学知识、古诗意境编成一个个趣味盎然的故事，用一个个精彩的故事叩响学生求知的心灵大门，以故事导入式来学古诗。

如教学古诗《九月九日忆山东兄弟》时，利用重阳节——登高节的故事，让学生感受到诗人孤单一人漂泊在外，在节日时思念家乡亲人的强烈感情。这样既吸引了学生的注意力，把学生引入到古诗的意境中，不知不觉中又达到了对学生进行一场爱的教育，起到了一箭双雕的教学效果。

如教学李白的《赠汪伦》时，先讲述汪伦用计诚邀李白到桃花潭做客——汪伦是当时有名的歌手，隐居在泾县西南的桃花潭畔，对李白佩服得五体投地，日夜吟诵他的诗。有一回，汪伦听说李白来到宣州，就写信一封。信中写道："先生好游乎？此地有十里桃花。先生好饮乎？此地有万家酒店。"李白早知汪伦是一方豪士，便欣然前访。见面后，李白方知"受骗"：所谓桃花，只是桃花潭，并无"十里桃花"；所谓"万家酒店"，只是店名，并无酒店万家。但李白哈哈大笑："临桃花潭，饮万家酒，会汪豪士，此亦人生快事！"于是，两人结为金兰之好。临别时，李白即兴写下七言绝句《赠汪伦》。——这个故事大大激发了学生学习《赠汪伦》一诗的兴趣。

又如教学苏轼的《饮湖上初晴后雨》，可采用设悬念的方法——古代有位大文豪写了一首七绝，在诗中直接将西湖比作美女西施，这位大文豪是谁呢？这首诗叫什么呢？是怎么写的呢？再如教学李商隐的《夜雨寄北》，可从"东边日出西边雨，道是无晴却有晴"这句千古佳句着手，激疑设趣，从而引导学生欣然诵诗。

采取"故事引趣"之法，促使学生兴趣倍增，情感激荡，再引导他们学习全诗，教学效果往往会出人意料。

这样，就能把学生带进作者作诗时的特定环境，让学生带着由此所萌生的情绪去欣赏，去想象。想想以往在教学古诗时，一开始就习惯性地介绍诗人的朝代、经历、生活环境等，这样死板的介绍，学生听着乏味，往往不知从何学起，处于一种迷茫的状态，教师也只是把这作为一贯的套路去执行，毫无激情地读完这些内容。当联系情境教学，看到这种介绍背景的方法时，我们会眼前一亮。这种情境的创设有利于调动学生学习的积极性,同时故事可以帮助学生理解古诗的内容,教学就有了一个良好的开端。

二、听故事,走近"名人"生情趣

很多小学语文老师都知道,给低年级学生讲授关于名人课文时,孩子们由于不了解历史,课堂上没有学习的兴趣,也很难调动起他们学习的积极性。一位老师在进行二年级有关名人的一个单元教学时,利用故事进行导入,让孩子学习起来兴趣浓厚。

把课上到孩子们心里去

苏教版二年级上册第六单元的课文涉及毛主席、朱德、孔繁森、梅兰芳和大禹,几位大人物,几位伟人。在之前的单元知识预习中,孩子们的表现非常迷茫,谈起这几位大人物,他们一点感受都没有,和我没有对话,更没有情感上的共鸣。看到这种情况,对这个单元的教学需要换一种思路来上课了,在网上搜集了课件,但是能够迅速勾起孩子们对伟人崇拜之情的好像也没有,唉,怎么办呢?

上午的语文课,学校唯一的多媒体教室早已被其他老师预约了,我拿着书本硬着头皮上吧。怎样入手上这节课呢? 给孩子们介绍毛主席的丰功伟绩吗? 他们能立即升华感情,并理解吗?

站到讲台上,我忽然想出了一个新的教学设计。

我把毛主席在自己手心写的"毛泽东"三个字写在了黑板上。

"孩子们,你们认识这三个字吗?"他们可高兴了:"认识。"这是我需要的激情。

"你们真棒。你们能看看书上的两个小红军多大了吗?"他们争抢着回答:"一个 14 岁,一个 15 岁。"

"是呀,你们回答得真棒。你们算一算,你们 14 岁的时候读几年级了?"

孩子们开始伸出手指算自己的年级。"老师,我们已经读初二了。"

"是呀,你们读初二的时候,该认识了多少字,学会了多少知识呀。可是,这两个小八路他们可没有你们棒呀。"孩子们听我这么一说,都很好奇。

"你们知道为什么毛主席让两个小八路要好好学字吗?因为他们一个字也不认识,连'毛泽东'三字也不认识。他们为什么会这样呢?"

孩子们开始陷入了思考。

一名同学说:"老师,我在开学第一课上看到了,以前打仗的时候,孩子们的生活是很苦的。"

我接过他的话:"说得真好,还有谁知道新中国成立前我们老百姓的生活呢?"

有孩子举起手说:"老师,我看了《三毛流浪记》,三毛没有家,没有穿的,也没有吃的,很伤心。"

有不少孩子也看过这个故事,都纷纷表示赞同。

"是呀,在很多年前,老百姓的生活是很苦的,孩子们根本没有机会上学。就像这两个小八路,他们给地主家放牛、干活还是连饭都吃不到,根本没有上学的可能,所以他们不识字。"

"哦,老师,我们知道了,上次我们去烈士陵园知道,我们现在的幸福生活都是那些烈士用生命换来的。"孩子们的思维开始活跃了。

"是的,而且这也是因为我们伟大的领袖毛主席带领大家革命才换来了全国的解放,才有我们现在的幸福生活。你们说他是什么样的人?"我希望他们能对伟人毛主席有一个逐渐崇拜的过程。

"他好厉害呀!"

"他是国家第一大官,就像胡锦涛主席。"

"他是所有军人的总指挥,能够指挥好多人呢。"

"是他给我们带来了幸福生活。"

……

孩子们七嘴八舌地谈论着,交流着,比昨天的课堂上兴奋多了,我的灵感也越来越多了,后面的教学将会顺利得多,我希望的课堂就是孩子们思维全面参与的课堂。

类似这样的课文想上得让孩子们感兴趣,我还需要好好动动脑子呢。

在这个教育叙事中,老师能够把孩子们不了解的"名人"带入孩子们的生活中,贴近孩子们的情感体验,调动起孩子们思维,把原来死气沉沉的课堂转变成了孩子们踊跃参与的课堂,课堂上情趣盎然。教师了解学生的情绪、掌握学生的心理特征,与课堂教学有着直接的关系。学生情绪状况如何,对课堂教学全过程的展开产生重大的影响。刚上课的时候,如果学生情绪低落、心理状态差,那么不管老师导入如何生动,学生可能也不感兴趣;相反,如果学生精神愉悦,就会积极主动地投入到学习中去。因此,教师要注意观察学生的情绪,了解他们的心理规律,运用不同的导入艺术。如果说学生精神奕奕,面带微笑,情绪平和,满心期待老师来上课,那么你就艺术性地直接引入新课,把所讲的难点、重点、关键点阐述清楚。如果学生注意力不集中,无精打采,昏昏欲睡,或情绪不稳定时,作为语文老师就要十分讲究导入的设计,迅速集中学生注意力,调整学生的情绪。

三、用故事,拼音教学简单有趣

故事这一文学形式生动有趣,对低年级儿童具有特别强的吸引力。教学前,我们可以根据教学内容的需要,选读或编说与教学活动密切相关的故事,以引起学生兴趣,激发学习动力。如教学"f"这一声母时,教师先讲《西游记》中关于如来的一段有趣的故事,正当学生兴味盎然时,教师板书"f",告诉学生像如来这样受人膜拜的就叫"佛"。带读"f",再联系本课插图 f 的音、形教学,学生兴致勃勃,在轻松的气氛中完成了新的学习任务。

一年级学生活泼好动,爱听故事,听故事时,个个兴致勃勃,注意力高度集中。用一个生动有趣的故事导入新课,将会令学生全身心地投入其中,有效地激发学生学习的兴趣,引起他们的想象。比如,在教学《i u ü》这一课时,我先出示一幅情境图,让学生边观察图边听故事:"小朋友,今天老师给小朋友带来了三个好朋友,是谁呢?"学生回答说是乌龟、蚂蚁、小鱼。我又说:"小蚂蚁是个非常懂事的孩子。有一天……"然后我用生动的语言讲述了这个童话故事,孩子们一下就被深深地吸引住了,看得出来,乌龟伯伯的热心助人、小蚂蚁的活泼可爱、小鱼的真诚鼓励都给他们留下了深刻的印象。这时我再相机出示"i"的表音表形图,说道:"活泼可爱的小蚂蚁为我们带来了单韵母朋友i,请小朋友们看老师怎么发i这个音……"接下去的教学水到渠成,学生在积极愉快的情绪中学完了i、u、ü。

在学习j、q、x和ü相拼时,我还没有讲什么,学生就开始在下面嚷嚷:"j、q、x真淘气,见到ü眼就挖去。""小ü小ü有礼貌,见到j、q、x就摘帽。"看来,很多孩子已经把口诀背得滚瓜烂熟,可是还是有学生茫茫然不知所以啊!怎么办?再讲一遍,无疑抹杀了学过的孩子的兴趣,不讲不行,没学过的孩子怎么办?

正犹豫之际,我看到有几个孩子已经坐得东倒西歪,是啊,课上了一半了,确实有些孩子已经累了。于是,我让学生趴在课桌上休息一下。看到学生趴在了桌上,我讲起了故事:大家都知道北方的天气比较寒冷,生活在北方的小ü整天戴着帽子,而小ü的好朋友j、q、x生活在美丽的南方。这天,小ü想念自己的朋友,于是,走了很远很远的路来到了南方,一见到j、q、x,他们就紧紧地拥抱在了一起,互相诉说着心中的思念。聊着聊着,j、q、x都笑了,小ü莫名其妙,j、q、x对他说:"我们这里多暖和啊,你还带着厚厚的帽子!"小ü一听,就是,"我说怎么感觉这么热呢?"于是摘下了帽子。和j、q、x在一起的这些天,小ü从来没有戴过帽子。过了一段时间,小ü要走了,j、q、x一边跟他告别,一遍叮嘱:"北方冷,你一个人的时候可一定要戴上帽子啊!"

讲完了故事,我顺势把学生引入到j、q、x和ü的拼读上。这时,我看到学过的孩子们会心一笑,没学过的孩子们投入其中。

在导入"y"和"yi"的新课学习时,我采用了一个生动的故事导入新课:

星期天,小i(出示卡片i)一早醒来,就吵着要妈妈带她去欢乐谷游玩。小i的妈妈是大y(随机出示卡片y,指导读法)。大y妈妈把小i打扮得漂漂亮亮的,牵着她的手出门了(出示音节yi),一路上,大家都和她们母女俩打招呼,称她们为yi(随机编顺口溜指导读法:大y小i一起走,还读i)。欢乐谷里的人真多啊! 大y妈妈担心小i走失了,紧紧地牵着她的手,一步也不离开,所以"yi"是不分开的。

枯燥的内容,赋予极有生命的童话故事,一下子吸引了孩子们的注意力,激起了浓厚的学习兴趣,对于"yi"的四声在语言环境里的读法也就轻而易举了。

抓住一年级孩子的特点,教师应根据他们注意力短暂、观察不细、形象思维占主导、有意记忆能力差的特点,让儿童的脑、眼、口、手并用,使儿童在兴趣盎然中掌握一个个抽象的汉语拼音字母,并掌握拼音方法,上好每一节拼音课,以达到调动学生的学习兴趣和营造活跃欢乐的课堂气氛的目的,让儿童在不拘一格的学习方式中积极愉快地度过小学学习的第一道难关——汉语拼音。虽然其内容枯燥乏味,但只要能积极合理地选用教学方法和教学手段来弥补内容的缺陷,同样能让枯燥乏味的拼音教学成为欢乐的海洋。

四、编故事,写话兴趣油然而生

一位老师在《我喜欢的水果》写话教学中从一个故事入手,引导孩子说话写话。她以孩子们喜欢的孙悟空为故事的主角,引导孩子们进入写话情境。

(一)兴趣导入

1."美猴王水果超市"隆重开业,欢迎大家光临,喜欢什么水果尽管选择。

2.美猴王可忙着啦! 这不,刚从水果王国摘了一筐的水果,可新鲜着啦。让我们一起去看看吧!

(二)七嘴八舌说水果

1.总起介绍(出示图片,进行说话练习):

这筐水果真(　　　　)啊! 有(　　　　),有(　　　　),有(　　　　),我最喜欢的水果是(　　　　)。

2. 小组合作活动:

师:现在以小组为单位,聚在一起看一看,摸一摸,闻一闻,尝一尝,把你最爱吃的水果的形状、颜色、味道介绍给同学们。

生(组内练说)。

3. 填词说话,把句子说具体:

(　　　　)的西瓜　　　(　　　　)的葡萄　　　(　　　　)的草莓
(　　　　)的苹果　　　(　　　　)的橘子　　　(　　　　)的香梨
(　　　　)的香蕉

练习句子:我最喜欢的水果是(　　　　)的(　　　　),穿着(　　　　)的外衣,又(　　　　)又(　　　　),像(　　　　)。

4. 小结:注重细节描写,用上好词句,学会使用修辞手法。

(板书:看形状、颜色　摸表面　闻气味　尝味道)

在这节课老师利用《猪八戒吃人参果》的故事自然导入介绍水果的说话练习,把孩子们的说话积极性充分调动了起来,并以西瓜为范例,充分利用信息技术提高了孩子们的观察能力、想象能力和说话能力,巧妙地利用多媒体把孩子们带入了自己的生活实践体验之中,实现了教与学的完美结合。

在利用故事指导写话中,另一位二年级老师在进行《我喜欢的小动物》的写话教学中,利用了孩子们都熟悉的童话故事引出写话内容。教学开始,她出示了大森林的图片,并自然导出了狮子大王要召开"森林大会"的故事,在轻松自然的状态下把学生带入了说动物写动物的学习情境中。

(一)创设情境,走进森林大会

1. 出示森林的图片,让孩子们进入动物的乐园。

2. 请孩子们谈谈感受。

3. 师:在这美丽的大森林里,要举行一场联欢会。看看是谁在主持?

4. 出示:狮子王的图片。

狮子王真威武,他说:"去年参加联欢会的小动物表现不错,请他们都来参加吧。"

5. 出示课文插图。

引导学生观察说话:有哪些小动物,分别从远到近看,从左到右看,从右到左看,从近到远看。

6. 可是,狮子王又有一个要求,每位参加联欢会的动物必须有自己的名片才能参加。这下可愁坏了小动物们? 你们想帮帮他们吗? 我们一起看看是什么样的名片。

(二)出示图表,引导学生说话

从几个方面说说自己最喜欢的小动物。出示表格,老师引导孩子们了解表格需要填写的内容。

动物名字	我的样子(按一定顺序来写)	我的行动特点	你喜欢我吗? 为什么?
小白兔			
小猴子			
老　虎			
小松鼠			
小　狗			
小　鱼			
小　鸡			

一堂课犹如一篇优美的散文,开头便要漂亮醒目,引人入胜;一堂课又似一支动人的乐曲,开头便要定好基调……巧妙地使用好开课几分钟,无论是激发学生的学习兴趣和求知欲望,活跃课堂气氛,还是帮助学生理解课文都是大有益处的,往往能明显地提高课堂教学的效果。

第二节　多媒体导入,让学生如临其境

一、让课堂有声有色

如何导入新课,是每一位教师都应该认真考虑的。导入好,就能将学生的注意力牢牢地吸引住,就能激发学生的求知欲望,因此每一节课都必须精心构思导入。在每一节课开始,应把问题作为教学的出发点,提出新的问题,利用学生的好奇心理,创设问题情境,把学生的学习兴趣、注意力和思维活动调节到积极状态。运用多媒体导入新课,可有效地开启学生思维的闸门,激发联想,激励探究,为一堂课的成功铺下基石。书面语言的不足就在于它基本上是平面的、静态的,对以形象思维为主的小学生来说,要通过阅读从语表层深入到意蕴层,实现书面语言向内部言语的转化,困难很大。而多媒体辅助教学则能根据小学生容易感知具象事物的这一特点,通过运用多媒体的声音、图像、动化等效果来创设教学情境,变平面的、静态的书面语言为立体的、动态的书面语言,直观、形象地再现事物的存在及其变化过程,从而提高学生的感知效果。

例如:学习《秋游》一课,教师首先利用多媒体展示很多秋天的图片,播放背景音乐,让孩子们在轻松自然的状态下欣赏秋天的美景,教师用极柔和的声音引导孩子们细心观察。

孩子们一下进入了美丽的秋景之中,对课文的学习充满了向往。同时,教师提问:你从这些图画中看到了什么?

生1:我看到了小松鼠很可爱,它正在采松果。

生2:树上的水果都熟了。

生3:我好想把火红的枫叶当扇子。

生4:农田里的庄稼都熟了。

师总结:是呀,你们观察得真细致。从你们的话语中我知道了你们感觉秋天真美,你们想不想自己也到图片上去看看呢?

孩子们大声地齐答:“想!”

师：那好，我们就一起去秋游吧！

师板书《秋游》，并引导孩子们初读课文。

此刻，学生的学习动机已经被完全激活，进入了我要学习、我要读书、我要秋游的积极状态。

《找春天》一文的作者用清新细腻的笔触点燃了一幅生机勃勃、绚丽多姿的春景图。文章联想丰富，充满童真童趣的优美语言吸引着孩子们去读去看，教师带领孩子们走进文本，在语言文字间尽情畅游体验，进而让他们感受春光美好无限。

（一）呼唤春天

多媒体播放：寒风呼啸，鹅毛大雪纷纷扬扬。雪过天晴，户外冰天雪地。让孩子们用词语描述自己的观感，如寒风刺骨、天寒地冻、冰天雪地等，以此做好情感的铺垫。

教师借此切入，促发孩子们对春的呼唤：在漫长的冬季，寒冷把我们逼进了屋子，厚重的棉衣裹得我们好憋屈。冰雪世界虽有我们的嬉戏，可单调的色彩怎么比得上花红柳绿的春季。冬天把我们困得太久，我们多么希望赶到春天去和花儿一起展示我们的生机。大家听啊——

多媒体播放：小溪的叮咚，燕子的呢喃，杜鹃的轻啼……

听过后让学生们用词语捕捉春的气息：春回大地，万物复苏，泉水叮咚，花红柳绿……

（二）发现春天

播放《春天在哪里》乐曲片段。春天在哪里？让我们跟着文中的几个孩子去寻找春天。出示课文第一、二自然段，指导学生朗读：

"春天来了！春天来了！

"我们几个孩子，脱掉了棉袄，冲出了家门，奔向田野，去寻找春天。"

读着课文，你感受到"我们几个孩子"是怀着怎样的心情找春天的呢？引导学生根据"冲出"、"奔向"等词语，体会急切、向往、激动的心情。

（朱红光：《找春天》，《小学语文教师》2011年第2期）

教师精心设计，运用多媒体导入新课，表现出了新颖、形象、生动的知识形态，同时教师简洁的解说或启发式谈话又加强了教学的气氛，巧妙地把学生引入教材所要求的情境中去。

二、用声响渲染气氛

著名心理学家皮亚杰说过："所有智力方面的工作都要依赖于兴趣。"儿童的学习兴趣对鼓舞和巩固他们的学习动机，激发学习的积极性起决定作用，一旦激发了儿童的学习兴趣，就能唤起他们的探索精神、求知欲望。儿童活泼好动，好奇心强，易于接受新事物。优雅动听的音乐，鲜艳夺目的色彩，五彩斑斓的图画，都能吸引学生的注意力，激发他们的言语兴趣。多媒体可以提供这种生动、形象、直观和感染力、渗透力极强的教育信息。

1. 歌曲导入法

托尔斯泰说："音乐的魔力，足以使一个人对未能感受的事有所感觉，对理解不了的事有所理解。"通过多媒体用适宜的音乐导入新课，对营造气氛、激发情感等大有裨益。

例如在教学五年级《圆明园的毁灭》一课时，由于作者的写作意图是表现自己对祖国的热爱，对侵略者的愤恨，时代感很强，怎样把学生引入诗歌的意境是教学的一个难点和重点。于是我就选用音乐《国歌》来导入，把不屈的抗争和残破的国家呈现在学生的头脑中，把学生的爱国热情激发出来。这样再对诗歌进行简单的讲解，学生就可以轻易理解诗人的思想感情，也激发了他们对祖国的热爱之情。还有，可以用韩红演唱的歌曲《天路》导入五年级课文《把铁路修到拉萨去》，以此来歌唱建设者在修建青藏铁路过程中所具有的伟大精神；用歌曲《美丽的草原我的家》导入五年级课文老舍的《草原》，以此来展现草原的美丽风光和草原人民的热情好客，这些都能取得良好的教学效果。

在人教版第四册的《郊游》教学中,学生按节奏朗读歌曲后,很快就学好这首歌曲了。但是我发现学生根本没有理解歌曲的情绪,唱起来面无表情,死气沉沉的。于是,我就给学生讲述了一个我小时候郊游的小故事。在我讲故事的时候,学生非常感兴趣。讲完后大家都争着举手,想要问我更详细的情况,课堂气氛异常活跃。他们都纷纷和身边的同学说自己的郊游故事,满脸兴奋。这时我说:"如果我们在去郊游的时候,在路上唱起这首歌,肯定很好玩。"同学们都笑了,音乐声一起,大家都高兴地唱起来,好像我们正走在郊游的路上,感受着明媚的阳光,欣赏着迷人的风景。接下来,我又启发学生:"我们郊游的时候运气不好,遇到了坏天气,我们来把歌词改改看看要怎么唱呢?"白云悠悠,阳光柔柔,青山绿水,一片锦绣,这句被大家改成"乌云"、"雨点"之类,唱的时候,学生自然而然地放慢了歌曲的速度,用闷闷的声音表现了歌曲的情绪。

2.利用模拟音响导入课文

教师利用实物、教具、音像、多媒体等教具导入,容易引起兴趣,便于激发情感,能很好地调动学生的积极性、主动性。教师所使用的这些教具,按其性质和性能可分为视觉型教具、听觉型教具、视听型教具。使用这些教具进行艺术导入,它能化抽象为形象,使枯燥的教学变得生动,调动了学生的视听感官,激发了他们的学习兴趣和求知欲望,收到了事半功倍的效果,使学生获得较深的感受。

例如:教小学语文《观潮》一课,利用教具将钱塘江大潮来临时壮观天下的雄伟景象描写得淋漓尽致,使人如临其境。而课文中第四自然段最后一句描写潮的样子及潮的响声尤为精彩:浪潮越来越近,犹如千万匹白色战马齐头并进,浩浩荡荡地飞奔而来;那声音如同山崩地裂,好像大地都震得颤动起来。在教学中,借助录音让学生感受潮来时浪涌岸滩汹涌澎湃的声音;借助投影录像,让学生感受潮来时如千万匹战马齐头并进、浩浩荡荡的壮丽之美。

通过程序设计,模拟过程,使学生获得"真"的感受。现代认知心理学认为:提供周围熟悉的真人真事,更具有感召力。多媒体的模拟功能,能帮助我们实现这一愿望。它能够突破时间和空间、微观和宏观的限制,把文学艺术中的世界展现在学生面前,既缩短了课堂教学时间,又增加了课堂信息量。例如,在第十册《飞夺泸定桥》强攻天险一段的教学中,为了让学生理解"奋不顾身"一词,可用多媒体模拟喊杀声、枪炮声混成一片,红军战士不怕危险,奋勇夺桥……在学生整体感知的基础上,教师通过定格放大让学生仔细观察几个红军战士夺桥的动作(铺桥、冲锋),用"红军战士夺桥奋不顾身,有的……有的……有的……"进行说话训练。在视听的基础上,引导学生观察思考,运用词语把自己的感受表达出来,使学生的形象思维转化为抽象思维,由感性认识上升到理性认识。

3.利用声响引发写作兴趣

作文教学中,学生的想象力是学生写作的来源。声音作为多媒体的一个重要方面,教师可采用录音技术来配合画面呈现给学生。校外生活,社会见闻,家庭生活,大自然的万事万物,景色的千变万化等,都是取之不尽的材料。教师平时要经常促成学生养成观察事物、观察生活、观察社会的良好习惯,做生活的有心人,并鼓励学生试着用恰当的语文来描绘,养成勤观察、勤思考、勤动笔的好习惯,积累表达材料。教师可采用 DV 拍下诸多人物、动物以及不同场景,先播放声音给学生听,让学生想象这是什么发出的声音,对于学生说出的任何一种想象,老师都不要用成人的眼光去审视,应该站在学生的角度细细聆听学生稚嫩的声音,接着在听学生说完以后,教师让学生看看视频,并告诉学生,这只是老师拍到的场景,想象永远比现实更美丽。比如,教师可播放"咚咚"、"啪啪"、"轰隆"、"笛笛"、"哈哈"的声音,让学生想象这是什么声音,用完整的一句话来表达,然后让学生写一段话,最后用两种以上的声音编童话故事,或者想象一种场景。学生在浓烈氛围的熏陶下,想象力越来越丰富,写作兴趣也会越来越浓。

播放视频,有声有色,有滋有味,如同坐在电影院里身临其境。在写《九寨沟的秋天》这篇习作时,很多孩子无话可写,只是一味地模仿课文,内容单一,既抓不住景物的特点,也没有真情实感。这也难怪,那么美的地方我都没有去过,何况阅历浅的他们,凭空捏造又哪来的真情流露? 为此,特意找来了大型纪录片《九寨沟》,刚一播放,孩子们就被那神奇的故事、天堂般的景色深深迷住了。作文交上来了,九寨沟的原始森林、瀑布、蓝天白云、五花海等在孩子们稚嫩的笔下变得更美了。

而在"写景片段描写"这节习作课上,我打破常规,播放了一段音乐——《森林狂想曲》,让孩子们仔细聆听,根据听到的音乐、生活中的经验加以想象来写一段文字。音乐起,各种虫子的浅吟低唱就吸引了他们的注意力,一个个侧着耳朵,眯着眼睛,分明是入情入境了。音乐落,我给了他们一段整理思路的时间。然后,我让每个孩子挑出他们想象中森林的某一处景物练习说话。一个孩子说,不足的地方其他孩子补充,逐步丰富景物内容。最后师生合作,口头完成整段写话,旨在带领孩子们将听到的素材有条理地描述出来。课后,同事们都十分惊讶于我的尝试,但他们一致评价,"用音乐来训练孩子们的习作能力虽然有难度,你的学生们却说得非常精彩。"

如今,我又尝试着带着相机去记录孩子们成长中的点滴:他们认真学习的一个神情,玩耍时动人的笑容,一段游戏……都成为了习作教学的第一手素材。我在课堂上还原真实生活,唤起孩子们内心真实的记忆,让他们有了更多的有感而发。

三、以画面再现情境

导入的作用是全方位的,不仅是在"集中学生的注意力,引起学生的兴趣"等方面,而且在导入环节中还蕴含着丰富的情感和美学的教学价值。语文教师如能在导入新课前让学生产生欣赏、愉悦的情感,并在这种情感氛围中导入新课,就会收到事半功倍的效果。

(一)凭借多媒体课件图像创造教学意境,渲染学习氛围

"多媒体教学"的动态画面、逼真的图片、丰富的色彩,对学生不同感官产生有效刺激,能激发学生的学习兴趣和学习欲望,强化学习动机。

学习《海底世界》时,教师一边播放海底世界的录像,一边讲解,把课文内容和视频播放有机结合起来,调动起孩子们的学习兴趣,孩子们急不可耐地要进入学习状态。

在教学五年级下册《鹿和狼的故事》一文中,我首先检查预习,问学生这个故事发生的地点,等学生回答后,我用多媒体播放凯巴伯森林的美丽画面,并在画面的欣赏中直观理解松杉葱郁、生机勃勃等词语的意思。

更重要的是,欣赏着美丽的画面,聆听着悠扬的轻音乐,孩子们就像置身于那片美丽的风景中,自然地将课文的第一句读得美丽动人,充满向往之情。然后画面一转,出现花木凋零、林地裸露、狼藉遍地、病鹿苟延残喘的画面,在强烈的对比中给学生创造出极大的震惊,从而激发学生对下文的学习欲望。

学习《彩色的翅膀》课文前,考虑到学生对于边防海岛认识的局限,先放半分钟荒凉孤寂的海岛的录像,让学生通过视听去感受、认识海岛的艰苦条件,在激发兴趣的同时也为后面揭示战士们的崇高品质作好铺垫。

(二)根据学生年龄特点,创设动漫氛围,激发学生参与兴趣

在教学三年级下册《画杨桃》一文中,我制作一个卡通杨桃形象,并给她配音:"我这样可爱(课件出示杨桃鲜美的图片),一天,老师让一些同学给我画像,原本我还挺高兴的,可是一看有位同学给我画的像把我的肺都气炸了——他竟然把我画成一个五角星(课件出示学生画图),这不是对我的侮辱吗? 今天,我就是来请大家给我评评理的。"随后,本课就以杨桃"请同学评理"、"请作者给说法"、"请老师评理"和"杨桃的道歉"作为贯穿教学的线索,学生就像置身于动画片,在趣味盎然中快乐学习。

(三)利用多媒体画面突破重点和难点

在实践中我们发现,多媒体自身的优势为我们更好地突破重难点提供了有利的条件。它能够化抽象为形象,化概括为具体。由于多媒体可以提供声像并茂、视听结合的客观世界的表象,将抽象、概括的文字符号转化为形象可感的画面,使文字与客观事物之间建立了联系,化难为易。如《鸟的天堂》中有一段描写榕树的叶子:"翠绿的颜色明亮地照耀着我们的眼睛,似乎每一片树叶上都有一个新的生命在颤动。"学生理解"颤动"一词是个难点,"颤动"字面上可解释为"抖动",但仅理解这些是不够的。这时,教师可用多媒体演示:晨曦中,那青翠、油亮的新叶在微风中轻轻地颤动……在学生感知的基础上,教师适当点拨,学生便领悟到了"颤动"一词的含义。这样,学生就经历了感知→理解→运用,抽象→具体→抽象的过程。它还能够化静为动,化虚为实。想象、联想是作者从客观实

体上生发出来的。以多媒体为载体,引导学生理解作者的主观感受,可以化虚为实,化静为动。例如,教学第六册《荷花》一课时,引导学生理解"我仿佛也成了一朵荷花"是一个难点。如何突破难点呢?先让学生在音乐声中欣赏满池荷花。它们姿态各异,看着看着,我仿佛也成了一朵荷花。接着,多媒体演示:我在荷花中翩翩起舞,满池的荷花也随我一起翩翩起舞,蜻蜓向我飞过来,告诉我飞行的快乐;小鱼向我游过来,告诉我昨夜做的好梦……学生在欣赏的过程中,随着小作者的观察想象,整个难点的突破在欣赏的过程中完成。

四、助学生温故知新

用多媒体设计和开展丰富多彩的教学活动,满足了学生享受愉快教育的心理需要,使教学过程充满情趣。

如在教学苏教版《识字6》一课,我是这样利用多媒体技术引导学生初读的:

上课伊始,我利用网络给学生展示我国的地形图,随即动情地说:我们的祖国地大物博、景色优美,今天老师就要带大家去各地游览,你们愿意吗?(学生高兴地说愿意)今天我们要去的地方可都藏在《识字6》里了,我们把字音读准了,把词语读好了,就可以出发了。那还等什么呢?赶快把书打开,自己多读几遍,注意读准字音啊。

学生刚放下书,电脑上就响起一阵掌声,我高兴地说:"小朋友们读得真认真,电脑都高兴地为你们鼓掌了,可以接受检查了吗?"于是请学生"开火车式"读词语。学生"开火车式"读完后,电脑上突然响起一阵风声,把刚才词语上的拼音全都吹走了,我着急地说:"哎呀不好,拼音宝宝都不见了,小朋友,你还认得它们吗?"(指名读)小朋友,这些拼音宝宝可不是随便乱排队的,每一行的三个词之间都是有一定联系的,这就是词串,你们能读好这些词串吗?那就请男女生一串隔着一串读,好吗?

就这样,我利用多媒体创造有趣的情境,不知不觉中学生读了四遍,学生读得兴趣盎然。

复习旧知识导入新课,要求教师在备课时努力挖掘新旧知识的相互联系,找准新旧知识的联结点,通过有针对性的复习为学习新知识作好铺垫。通过巧妙设疑,引发学生的求知欲,创造传授新知识的契机。

例如,很多课堂教学设计的第二课时第一步使用的教授方法都是"复习旧知,情感铺垫"。

在《微笑着承受一切》第一课时的教学中,和学生已经初读课文,学习了课文的生字和新词,并且学习了课文的第一、二自然段。本节课的导入,我采用了复习旧知导入法:首先用多媒体课件出示上节课的词语,让学生齐读,为第二课时学生流利地朗读课文、理解重点词语打下基础。接着请学生听老师朗读课文第一、二自然段,学生回顾课文主要内容。多媒体出示桑兰所获得的荣誉,以及获得荣誉时候的照片。接着出示她受伤时候的照片,对于桑兰这样的女孩,真是天大的不幸。这一个环节的设计,主要是为学生学习三至六自然段的情感尝试做铺垫,并且对于学生在最后理解"微笑"的含义有着重要的作用

又例如,《两小儿辩日》是人教版第十一册的一篇文言文,文章讲的是古代两个小孩凭自己的直觉,一个认为太阳早晨离人近,一个认为太阳中午离人近,为此各持一端,争执不下,就连孔子这样博学的人也不能做出判断。教学时,我巧妙联系旧知,导入新课。

师:请同学们读一读屏幕上的名人名言。

(多媒体出示:温故而知新。听其言观其行。知之为知之,不知为不知,是知也。)

(学生齐读名言)

师:谁能说一说其中一句的意思?

生1:知之为知之,不知为不知,是知也,意思是做人要谦虚实在,不能不懂装懂。

生2:听其言观其行,意思是从这个人所作所为去判断他是否言行一致。

生3：温故而知新,意思是温习旧的知识能够有新的领悟和新的发现。

师：同学们说得非常好。知道这些话是谁说的吗?（孔子）那么孔子是否言行一致,知之为知之,不知为不知呢? 今天我们学习的这篇课文会告诉我们答案。（板书:25　两小儿辩日）

师：谁能背一句带有"日"字的古诗?

生1：日出江花红胜火,春来江水绿如蓝。

生2：日照香炉生紫烟,遥看瀑布挂前川。

生3：白日依山尽,黄河入海流。

师：古诗中的"日"字是什么意思?

生：古诗中的"日"字是太阳的意思。

师：题目"两小儿辩日"怎样理解呢?

生：两个小孩围绕太阳展开争论。

师：说得非常好。请大家回忆一下,我们是怎样学习古诗的?

生：第一,熟读古诗。第二,借助注释、图画理解古诗。

师：好,那我们就采用这个方法学习《两小儿辩日》,听一听两个小孩围绕太阳说了些什么。

新旧知识是有联系的,旧知是学习新知的基础,学习新知往往离不开旧知。语文教材新旧知识点之间的联系虽不如数学新旧知识点之间的联系那么紧密、那么明显,但是它是普遍存在的。只要用心,我们就会发现教材之间的联系很多:有的题材相同,有的结构相仿,有的主题相同或相近,有的作者相同等。把新旧知识联系起来可以达到温故而知新的目的。本课例引出的旧知——知之为知之,不知为不知,是知也——对人物孔子的评价（谦虚谨慎、实事求是）是很有帮助的。根据温故而知新的古训引入学过的带有"日"字的诗句,说一说学习古诗的方法,然后运用迁移法,运用古诗学习方法学习文言文,消除了学生学习文言文的畏难情绪,对学好课文充满信心。

古语说:"温故而知新。"由复习旧课导入新课是最常用的方法,有利于知识间的衔接。提问复习和新课内容密切相关的已经学过的知识,一个或几个问题就可以引起学生的积极思考,过渡到新课也十分自然。在每堂课的开始,教师可以采用复习上一课的内容作为导入新课的方法。这种方法便于学生巩固已学的知识,便于将新旧知识逻辑地联系起来,便于教师循序渐进地开展教学。教师可以从学生已有的认知结构出发,创设恰当情境,恰当引导,再通过学生的观察、思考、推测等一系列思维活动,在旧的认知结构上去发现新知识,从而建立新知识,让学生体验知识发生、形成和发展的过程。可以从学生的作业中寻找那些对的、错的东西,恰当地适时引用,与新知识巧妙地联系起来,让学生知道新知识是如何从旧知识上发展起来的,而那些错的为什么又是错的,这样循序渐进,学生也容易接受,而且还把以前学的和现在教的有机地结合起来,站在更高的一个层次看问题。

第三节 以课题导入,引发学生多重思考

利用课题导入,就是利用课文题目中的关键词或根据课文题目提出一个问题来导入新课的一种教学方法。这种教学方法的特点是可以引导学生初步了解课文的主要内容,从而把握立意的中心。一节课的导入阶段,学生的学习有了情感的投入,就会激发起学生良好情感体验的学习,才是真正意义上的自主学习,因此新课导入应该关注学生的情感体验,努力营造一个平等、和谐、宽松、自由、安全的开课氛围,使学生在愉悦的情感体验下开始课文的学习。师生在课堂交往的最初阶段进行的信息交流具有精神互动的功能,能激发学生学习的兴趣,使之形成正确的学习态度;导入环节的设计可以为后续的教学活动做好语言、情感、话题的铺垫,使教学效果得到提高。激疑导入是教师为了引发学生思维,而且是向更深更远的方向引发而使用的导入方法。我们常说,学起于思,思起于疑,疑才多思,多思才能调动学生的积极性,激发学生的创造力。激疑导入能激励学生的探索精神,促使学生探幽揽胜,主动探索。

一、读课题,思考质疑

对于语文课堂教学来说,一篇课文的课题就相当于人的"眼睛",就

是语文课题的"窗户",就是课文跳动的"心",抓住课文的题目,语文教学可做出很多文章,就让我们从题目开始,带领学生去感受语文教学的魅力,题目能给我们很多的写作思路。

王文丽老师执教的《桂林山水》一课,真真切切地感受到她课堂的魅力。她的课堂真正体现出"简简单单教语文,扎扎实实促发展",她的课堂也是"有效教学,朴素课堂"。

有人说:"题目是文章的眼睛,眼睛越亮文章就越有吸引力。"还有人说:"题好一半文。"这些名言都朴素深刻地诠释了题目的重要性。王老师深谙这一点,所以她的课在揭示课题这一教学环节中设计得很吸引人。

王老师板书了《桂林山水》后说:"林由两个木组成,一看到林子你就会想到什么多?"生答:树多。老师说:桂林很显然是什么树多?学生答:桂树多。老师说:桂林桂林,桂树成林啊。老师说:你们知道桂林在哪儿?学生都不知道,老师就引导学生看地图。老师说:这就是桂林,与咱们河南相距1300多千米,坐飞机两个小时就到了,今天,咱们就穿越时空隧道,一同走进美丽的桂林,去欣赏那里的山水。桂林是我国的旅游胜地,应该让学生了解它在哪里。桂林的由来,的确是因为桂树很多而得来的,很有意思,老师在这里适当的介绍,能加深对桂林的印象。《桂林山水》是一篇经典之作,好多老师讲此课时都会让学生看着地图了解桂林所在的位置,但我从来没有见过哪位老师揭示"桂林"的来历,我猜想王老师之所以这样设计,一定是因为她去桂林旅游时导游的介绍激发了她的灵感。语文教学要走向生活,要实事求是,谁说不是呢?

著名的特级教师贾志敏老师在这方面做得也很好,他的《推敲》新课精彩导入如下:

师:我们的祖先真聪明,发明了火药、指南针,还创造了许多有趣的文字。比如说"木"字,在以前是这样写的(师板书,画"木"),再比如"休"这个字,一个人正靠在树木边上。还有"步"字,以前是这样写的(师板书,画"步"),两只脚叠加在一起。

师:汉字有意思,词语更有意思。如"左右"一词,怎么理

解?（生光举左手再举右手）但如果将词语放到句子里，"我左
右不了你"，意思就大不相同了。再比如说"东西"一词，哪些是
东西呢？

　　生：语文书、教鞭、粉笔……

　　师：老师是东西吗？

　　生：你不是东西！

　　师：这不是骂人吗？（生笑。）

　　师：你看，汉语多么有生命力啊！就连外国人也觉得汉语特
别有意思。再如"斟"、"酌"，本来都表示"倒酒"，但两个字放
在一起就表示"研究"的意思了。

　　师：再看一个"推"、"敲"。如果你要推门（生演示），这需
要手向前发力；如果你要敲门（生演示），这需要用手去撞击。
但"推"、"敲"放在一起时就表示"斟酌"、"研究"了。

　　师：今天，我们就来学习《推敲》这篇课文。

　　老师在自然风趣的语言中导入课文学习，拉近了师生之间的关系，让
学生进入了乐于学习、乐于表达的状态之中。

　　又如在学习《称赞》这一课时，老师也利用了学习课题导入的方式：

　　师：我们今天要学习第十八课《称赞》，来，伸出小手跟老师一起写课
题。称，左边是禾字旁，右边是尔，咱们在曹冲《称象》一课见过"称"字。
赞，上面两个先，第一个蜷起腿来给第二个让地方，懂得礼让，就会受到称
赞。来，一起读课题。看一看故事里是谁称赞了谁？

　　老师通过这样的导入，让学生自然进入课堂学习之中。对于低年级
的课文学习，有的老师抓住了课题中的关键字词，启发孩子们想象。

　　如学习《柳树醒了》，首先看到了题目让人眼前一亮：哦，醒了。这
"醒"字里面含有一种热切的期盼，更有一种无以言表的喜悦。你看那小
柳树，蕴蓄了漫长的一个冬天，欣欣然张开了眼，正好奇地打量这个清新
的可爱世界呢！于是在教学过程中，我让孩子们先读课题，把课题中的
"醒"字好好读一读，孩子们在朗读过程中读出了柳树的惊喜，读出了柳
树的快乐，读出了柳树的生命力。孩子们带着柳树的这种情感进入课文

学习,很快就能体会课文的趣味。

利用课题深度导入课文内容的学习,我们一起来看看。

　　《小学语文教师》2011年第2期上,李琰、李吉波的《"成吉思汗"是什么意思》就是一个典型的案例。

　　师:今天我们学习《成吉思汗和鹰》,请同学们看老师板书课题。(师板书:成吉思。)

　　师:成吉思汗是一个蒙古名字,"成吉思"在蒙语里是什么意思?

　　(学生先是愕然,然后纷纷猜测。教师告诉学生,"成吉思"在蒙语中是"大海"的意思。)(师板书:汗。)(指名读"汗",标注两个读音hàn和hán。)

　　师:"汗"有两个读音,我们平常用得最多的是——

　　生:hàn。

　　师:用这个音来组个词。

　　生:汗水、出汗,汗马功劳,汗流浃背。

　　师:什么时候读"hán"?

　　生:可汗,大汗。

　　师:"hán"在蒙语中是什么意思知道吗?

　　(生摇头。)

　　师:第二声的汗,在蒙语中是君主的称号,相当于我们平常所说的皇帝、国王。例如《木兰辞》中的诗句,"昨夜见军帖,可汗大点兵,兵书十二卷,卷卷有爷名。"诗中的"可汗"也是指君主。

　　"成吉思汗"在蒙语中就是指像大海一样伟大的皇帝。其实,成吉思汗是一个人的称号,他的真实名字叫铁木真。大家对成吉思汗都有什么了解?

　　(学生了解有关成吉思汗的资料。教师总结成吉思汗的资料,并引用毛主席的《沁园春·雪》中的诗句,突出了成吉思汗和秦皇汉武、唐宗宋祖一样的丰功伟绩。)

（师板书"和鹰"，指导"鹰"的写法；就"鹰"与学生进行交流，理解鹰与蒙古人在生活中的亲密关系。）

师：成吉思汗和鹰之间到底发生了什么故事，我们一起来学习这篇文章。

就课文题目而言，寥寥数字，一般很少有人挖掘，即使挖掘，也多是与文章中心有关。但老师不仅引导学生认真观察板书，写字渗透，更在"汗"字的拼音上大做文章，将语言文字训练和人文教育有机结合在一起，让课题也变成了课堂最直接、最丰富的教学内容。在带学生交流"成吉思汗"的资料时，老师又自然引用毛主席的《沁园春·雪》中的诗句，突出了成吉思汗和秦皇汉武、唐宗宋祖一样的丰功伟绩。如此一来，不仅有效地增强了学生自觉"丰富语言的积累"的意识，也让自己的课堂教学变得更加丰满、大气。

教学《第一次抱母亲》时，首先课堂上让孩子们通过动作示范，区别"抱"和"拥抱"的不同。这一课特殊之处就在于"抱"上，假若是"拥抱"那意义就绝对不同了。正因为像母亲在我小时候抱我一样"抱"着母亲入睡，才使母亲感动，才让我进一步体会到了母亲竟然多年来用不足一百斤的身躯承担着全家的重担。让同学们想象一下，大人抱小孩和大人抱大人的不同点。

以上这些利用课题导入的方法，教师针对不同的课型、不同的学习目标去设计，使之建立在与所授内容有机内在联系的基础上，并要注意契合学生的年龄特点、心理状态、知识能力基础、兴趣爱好的差异程度，善于创造一种令学生提出问题、产生矛盾的情境，有效地引起学生对新知识、新内容的强烈探求，提升师生双边活动的熟练配合程度，为课堂教学做好彼此情愿的愉悦的心理准备，使得课堂教学效果令人惊喜。

二、利用课题，激起学生思维火花

课堂的导入不是华而不实的空谈，更不是画蛇添足的形式，导入是为了能自然地揭示本课的教学内容，对学生起到一定的吸引作用，在学生被吸引的过程中，自然地揭示本课的教学主题。

如三年级上册《金色的草地》一课，课文讲述了孩子在草地上玩耍的快乐情景，及蒲公英开花与合拢造成草地颜色不同的原因。在第一课时教学前，教师进行这样的导入："同学们，你们见过蒲公英吗？说说你看过的蒲公英。"让学生各抒所见，说说自己曾经看到的蒲公英是什么样子的，有什么特别印象。

接着，老师拿出事先准备的蒲公英给学生看，学生再次根据近距离的观察，说说自己认识的蒲公英，学生非常感兴趣，为本课的学习打下很好的基础。本课导入时，老师联系学生的生活实际，挖掘学生已有的知识。

教师再次引导："那么，今天我们就来学习一篇和蒲公英有关的课文，课题是《金色的草地》。课文中是怎么向我们介绍蒲公英的呢？"很自然地揭示了本课的教学主题，让学生快速融入到课堂教学之中。

利用这样的导入是激起学生的学习兴趣的良好方法。让学生带着浓厚的疑问投入到学习中，这样不仅能提高学生求知的积极性和愉悦性，而且为学生学习全文打下了良好的基础。

又如教学人教版第九册课文《桂花雨》，这篇课文表达了作者喜欢桂花、摇桂花树的乐趣和热爱家乡的思想感情。在本堂课的教学导入时，教师进行这样的引导："同学们，回忆过去经历过的美好的事情是一种享受，充满乐趣。你会回忆过去经历过的有趣的事吗？"让学生各抒己见，谈谈自己童年最快乐的事，与大家分享自己生活中的快乐。

继而引导："今天我们就一起来学习一篇回忆童年生活的文章，饱含着作者对童年往事的无比怀念。课文的题目是《桂花雨》。"从学生自由谈论到本课题学习，教师自然地揭示本课的课题，达到较好的效果。

让学生顺其自然地走到课文学习之中，教学就变成了一个顺畅自如的过程。课堂的四十分钟是宝贵的，如何让教师的语言更有感染力，更有魅力，教师如何让自己说的每一句话都发挥它应有的价值，都为课堂生成做好铺垫，这是值得每一位教师思考的。

孩子们就像快乐的小鱼，从一个快乐的入口进入到一片自由的天地，并带着美好的心情，而这片自由的天地就是我们欢快的课堂。从被动转变成由孩子们自己说、自由想的主动学习过程，激发学生的学习兴趣，可以提高课堂的教学质量。

再如,于永正老师的教学实录,课文题目是《第一次抱母亲》。

先跟我一起写课题好吗?(生:好。)把右手伸出来,我这样写能看见吗?(生:能。)

师:(边板书边口述)写"第"、"抱"字上面的横折钩短一些。读一读。(生读课题,速度较慢。)

师:速度再快一点,——第一次抱母亲。(生再读课题。)

师:像说话那样自然,——第一次抱母亲。(生又读课题。)

师:看了这个课题,你有什么问题要问吗?说说看。

生:为什么要第一次抱母亲?

师:为什么要第一次抱母亲?这个问题问得……好像……得改一改。分两次问,能改一下吗?……不想改?不想改也行。

生:第一次抱母亲,母亲是什么感受?我是什么感受?

师:从这个课题看,第一次抱母亲,肯定是她的子女,要么是她的儿子,要么是她的女儿。她提的问题非常好,第一次抱母亲,母亲是什么感受?作为子女的,抱母亲的子女是什么感受?还有没有问题要提?

生:他是多大的时候抱母亲?

师:哦,作者——也就是文章中的"我"在多大的时候抱母亲?多大的年纪抱母亲?

生:我提的问题是,发生了什么事使我第一次抱母亲?

师:哦,发生了什么事?为什么要抱母亲呢?

生:我提的问题是,在什么时间、什么地方抱母亲?

师:好,看来同学们很会提问题。我们读文章,第一次读到的是题目,读到题目就要想,刚才你们提到的问题就是你们思考的结果。提得非常好,第一次抱母亲,母亲是什么感受?抱母亲的人是什么感受?还有,在什么时间、什么地方抱母亲?为什么要抱母亲?现在打开书,答案在书里,请翻到《第一次抱母亲》。找到了没有?请翻到第 69 页。请你们带着你们的问题自由朗读课文,课文里的生字都有拼音,不认得的字可以拼读一下,要求大家把课文读正确,读流利,把生字记住,同时要思考你们的问题,好吗?各人读各人的,开始吧。

生自由读课文,师巡视。

于老师的导入设计得巧妙,能起到先声夺人和拨动学生心弦、激发学生兴趣之功效。老师根据教学和学生之实际,用最精练的语言,最短的时间使学生进入最佳的学习情境,激其情,引其思,效果非常好。

三、看课题,展开想象,激发学习动机

想象是人脑对已有的表象进行加工改造形成和创造新形象的心理过程。发展学生想象力是培养学生思维能力的一个重要方面。如果教师在指导学生学习课文时,能有意识地借助课题,发挥学生的想象并把想象的内容用语言描绘出来,就能有效地发展学生的思维和语言,并能很快把学生带入文本学习之中。

在学习语文的过程中,我们要关注学生的成长历程,点亮孩子的心灵,帮助他们燃起自主学习、主动思考的火焰。在教学《心中的那盏灯》时,老师利用课题把孩子们带入了课文学习和深入思考之中。

师:看到了课题你想问什么?

(生设疑。)

(1)这盏灯是什么样?

(2)谁做的?

(3)为什么会留在我们心里?

(4)那是一盏什么样的灯?

过渡:你们经过阅读解决了哪些问题?

(注重在教学中进行多元评价,充分发挥评价的激励功能和指导功能,这是有效的课堂。)

师:请学生说说自己在课文中读到了什么?(生反馈。)

生1:我听了父亲的话有什么表现?

生2:我的心里十分(感激)、(感动)、(自责)。

在学习《我是什么?》这一课时,我试图引领着孩子们把自己当成"水娃娃",走进课文,有情有趣、入情入境地来读这篇科学童话,可是吸引不了学生。后来我利用课题,对孩子们进行设疑,然后一边读课题,一边让孩子们读课文回答问题。

师:云和我们人一样,会穿衣服,而且穿不同颜色的衣服。其实,这里的白衣服是什么?

生:白云。

师:黑衣服叫——

生:黑云。

师:不是黑云,而是叫——

生:乌云。

师:早晨和傍晚的红袍呢?

生:夕阳。

师:不都是夕阳。傍晚下山的太阳才叫夕阳,早晨的是——

生:朝霞。

师:对,傍晚的红袍又叫——

生:晚霞。

师:这些都是云的颜色,作者却说——

生:有时候我穿着白衣服,有时候我穿着黑衣服,早晨和傍晚我又把红袍披在身上。

利用课题,发挥孩子们的想象,激起他们学习课文的兴趣,是成功导入的一种形式。

四、解课题,增强学生求知欲

当老师把新颖性、现实性、趣味性的情境呈现出来时,学生在课堂上的自由讨论、发现问题、提问就有了时间和空间。围绕课题提问,不是指教师把课题往黑板上一写,不作任何要求,让学生想怎么提就怎么提,这样虽然也能提出一些有价值的问题,但是大多数问题都是肤浅的,无实质意义。

围绕课题提问要讲究方法。下面我们一起分析课题的组成结构：课题有的是以单独的一个词命名的，例如以人名、地名、物名等直接命名，就物名而言又有以动物、植物、物体等命名的；有的题目是以词组命名的，有联合词组、有偏正词组、有动宾词组等；有的是以句子来命名的，等等。

第一种质疑对象是以联合词组构成的课题。所谓联合词组式课题，指课题前后两部分之间用"和"或"与"等连词连接，如《"精彩极了"和"糟糕透了"》《老人与海鸥》《猫和苜蓿》《鹿和狼的故事》，这类课题可以从课题的两个部分之间的联系上提问。如我在执教《鹿和狼的故事》一课时，让学生围绕课题质疑，学生提出以下问题："狼和鹿之间是什么关系？""它们之间发生了什么事情？""事情的结果如何？"这些问题都是切中要害、纲举目张的问题。

第二种质疑对象是以偏正词组构成的课题。偏正词组式课题的特点是：课题的前一部分是起修饰、限制作用的词，后一部分是课文中具体叙写的事物、人物、动物、景物、事件等，如《美丽的西沙群岛》《大瀑布的葬礼》《钓鱼的启示》等。对这样的课题进行质疑时，可以抓住修饰、限制的词语提问。如我在执教《大瀑布的葬礼》一课时，让学生围绕课题中"特殊"一词质疑，学生问："大瀑布不是人为什么要给它举行葬礼？""和一般的葬礼有什么不同？""这个葬礼特殊在什么地方？"其实第三个问题就是全文的中心问题，我们就可以抓住第三个问题进行探究。

第三种质疑对象是以动宾词组构成的课题。动宾词组式的课题大多是由前后两部分构成，前一部分表示动作、行为，是动词；后一部分是动作行为支配的对象，是名词，如《打电话》《怀念母亲》等。对于这样的课题，主要从这几个角度发问："谁？""干什么？""怎么样？""结果如何？"如学习《打电话》一文时，教师引导学生质疑："读了课题你有什么疑问？"学生提出以下一些问题："谁打电话？""为什么打电话？""从课文中你有什么收获？"等。

其实，无论什么样的题目，教师都要启发学生抓住"题眼"，即关键的词语提问。如上《草船借箭》一课，应让学生抓住"借"字提问。这样学生就会提出"谁草船借箭？""谁向谁借箭？""为什么要草船借箭？""怎样草船借箭?""草船借箭的结果怎么样?"等问题。这些问题既切中文题又紧扣内容,可以激起学生的阅读期望,这样利用课堂激发学生的思维简单易行,操作性强。

著名特级教师王文丽老师教学《风筝》一课时是这样导入的:

师:今天我们来学习一篇课文,题目叫做《风筝》。(板书课题)古往今来,有很多文人墨客书写过有关风筝的文字,我们先来读读这样两首古诗:(出示文字。)

生:(齐读)草长莺飞二月天,拂堤杨柳醉春烟。儿童散学归来早,忙趁东风放纸鸢。

师:这里面没有写到风筝啊? 怎么老师说这首诗也是写风筝的呢?

生:这首诗里面说"忙趁东风放纸鸢","纸鸢"就是指风筝。

师:你说得真好! 联系上面的句子看一看,这是说孩子们放学回来得很早,于是——

生:(齐读)忙趁东风放纸鸢。

师:好。我们再来读第二首。

生:(齐读)春衣称体近清明,风急鹞鞭处处鸣。忽听儿童急拍手,松梢吹落美人筝。

师:能读懂吗?

生:能!

师:孩子们为什么着急地直拍手啊?

生:因为他们的风筝被风吹落到树梢上了。

师:这是古人诗句中的风筝。我们今天学习的这篇课文题目就叫《风筝》。谁能大胆地猜测一下课文可能是讲什么的?

生:可能是讲风筝的样子和用途。

师:你猜测这是一篇说明文。

生:讲了和风筝有关的一个故事。

师:你认为更侧重于叙事。

生:讲了风筝的制作过程。

师:还有其他的想法吗?

生:我认为这篇课文写的是一个流浪的孩子,非常思念他的
母亲。他在风筝上写下自己的心愿,然后放飞风筝,让他替自己
去寻找母亲。

师:哎呀,一只小小的风筝就引发了你这么多的遐想,那么,
这篇课文到底讲的是什么呢? 现在老师把课文发给大家,请认
真地读一读,遇到不认识的字查查字典,或者问问老师和同学,
把课文读通顺,看看课文到底写什么了?

王老师这样的导入,像磁石,能牢牢地吸引学生的注意力;是钥匙,能
快速开启学生的心扉;有助于我们圆满地完成教学任务。这样的导入,点
燃了学生的求知欲望,变"要我学"为"我要学"。

第四节　游戏导入,贴近学生心灵感受

游戏本身就是有趣的,教师在设计中就要充分考虑游戏本身带来的
乐趣,变"要我体验"为"我要体验"。在导入教学过程中,只有牢牢抓住
学生体验的绳索不放,利用游戏充分激发学生的主体意识,让学生带着兴
趣、情趣投入课堂学习,激活学生的各种感官和思维,才能让学生有表达
的欲望。

教师关注学生多元、多角度的感受,并有意识地指导学生把这种感受
表达出来。询问学生游戏的感受,也是营造游戏氛围、激活学生思维的
手段。

一、寓教于乐,体现课堂趣味性

以游戏导入课堂教学,使严肃、乏味的课堂变得生动活泼,给学生的
学习带来无穷的乐趣。他们在游戏中玩,在游戏中乐,在游戏中学,在游
戏中成长,在游戏中培养心智。同时,在游戏性教学方式中,尊重了学生
的愿望、乐趣、情感、选择等"学"的权利,学生学习热情有增无减,教师也
完成了教的任务。

在三年级开学教学第一课《让我们荡起双桨》时,我们就唱着上了语文第一课。

在优美的音乐声中,我们开始了语文第一课的学习。

正式进入课文的学习,正好第一课就是我们这些七零后们耳熟能详的歌曲的歌词,很喜欢这首歌,并且能够唱得不错,所以我选择了首先教孩子们唱好这首歌。因为大课间曾经播放过这歌曲一段时间,孩子们对这个旋律也很熟悉,所以一听到前奏,立刻有了精神,那么就让我们唱着进入第一课的学习吧。

看着孩子们脸上兴奋的笑容,对这节课的参与有了积极性,我很高兴。用优美的前奏把孩子带入课文内容,这篇本来通俗易懂的歌词,在我的教唱中,孩子们很快就能背诵课文,并且不自觉地边唱边跳起来。

我让孩子们找出文章中表示动作的词,很快他们就向我汇报:"老师,几乎每一个小句子里都有一个动词。"

我抓住孩子们说的,"对呀,找出这些词来,我们先体会一下。"

孩子们立刻动起手,拿出尺子很认真地标出了动词,并且认真地思考起来。我问他们:"有不懂的词吗?"

"没有。"很自信地回答。

我接着说:"那好,请你们都站起来,我们一起边唱边做动作吧,你怎么想的就怎么做,好吗?"这是孩子们最乐于进行的诵读形式,只不过以前是边背书边做动作,而今天是边唱边跳了。看着孩子们做出了优美的"荡起双桨"的动作,看着孩子们用双手做出了"小船儿轻轻"的动作,看着孩子们扭动着腰肢做着"红领巾迎着太阳"的动作,我的心情开始飞扬,也和孩子们一起边唱边跳,仿佛也回到了自己三年级的时候。孩子们在我的带动下,动作更协调更优美了,脸上的笑容更可爱了。

唱完以后,我问孩子们:"什么心情?""高兴!""快乐!"

"好的,这首歌呀,词作者就是要我们体会自己的快乐生活,你们已经通过自己的唱和跳感受到了,真是不错。"我很高兴地总结到。

孩子们听了,很满足,笑容荡漾在教室的每一个角落。

这一课的课文学习在歌声中进行,在快乐中持续。

和孩子们愉快的语文学习就这样开始了!

当孩子处于自然状态,没有意识到这是一种学习的时候,他的思想非常放松,思维会很活跃,语言会很流畅。怎样营造这种氛围呢? 游戏是最好的载体。

游戏导入主要是我们完成教学任务的一种载体。课堂游戏要精心设计,应当动作幅度不大,容易点燃激情,又容易控制。他们玩得高兴,就说得流畅,写得通顺,写得具体。这是我们这一类课要达到的境界。

二、增进师生情感交流

将游戏和活动引入课堂。"玩中学,学中玩",更符合儿童的认知特点。有多少人不爱看"超级大赢家"? 其吸引人的地方之一,便是那轻松活泼的游戏和丰富多彩的活动。有多少孩子不爱做游戏? 语文教学有语文的特点,谜语、儿歌、实物演示、课本剧、朗读识字比赛等,都更能让学生轻松愉快地接受,积极参与到教学过程中来。教学《狐狸和乌鸦》,我让学生戴上动物的头饰,拿着道具学演课本剧,更能让他们进入角色。在教学关于描写四季的课文时,将学生分为春夏秋冬四组,组织一场辩论赛,也是一个不错的选择。

在一年级的拼音教学中,我经常利用游戏导出拼音教学。

学习了一段时间的拼音后,学生往往容易回生,特别是一些易混淆的声母,如b—p、q—p 等,这就需要让学生在比较中区分不同,准确认读,在反复认读中加以巩固。让学生玩"我说你猜"拼音认读游戏,学生很喜欢。我们以同桌为单位进行比赛,一对搭档分好工,一个学生把看到的声母表述出来(表述外形方面,也可以是编儿歌、做动作等),另一个学生听完分析判断后读对即算正确。

如:一学生看卡片的 p,可以表述:"一个声母,右上半圆。"

三、生动活泼,凸现童心童趣

游戏作文教学是生活作文观关照下的一种创新的作文教学形式,它以多维的游戏为平台,以亲历体验为手段,为学生挖掘有效的习作素材,激活学生的主体参与意识和表达欲望,在游戏的过程中让孩子感受快乐,用语言表达自己的心声,培养习作的兴趣。

游戏是学习语言的一种手段,贴近儿童心理的游戏可以让学生在玩中学、在玩中写,点燃孩子语言表达的激情,消除对写作的恐惧。游戏活动让儿童获得提高习作表达的能力。游戏作文教学需要教师坚持四种意识——主体意识、规则意识、语文意识和人文意识,用精心准备、贴近儿童内心世界的游戏点燃孩子智慧的火花,激励他们强烈的创造能力,把作文教学引上科学有效的运行轨道。

游戏活动让学生获得感知体验,积累素材,从而写出具有真情实感的习作,进而达到让学生在活动中愉悦习作、不断提高文字表达能力等教学目标。

学习苏教版第六册《赶海》这一课时,我觉得第三自然段最富有"童趣",描写得也非常精彩,于是要求同学们把它背诵下来。我先和同学们合作有感情地朗读一遍,就在我们朗读的时候,班里最爱跳舞的小女孩张妞妞已经饶有兴趣地跳起舞来,她挽起裤角,小心地在位子旁表演着,煞有介事地弯着腰,眼睛紧盯着地面,手里像在捉着什么,手里像在挡着什么。对呀!孩子们可以在表演中加深记忆呀!

于是,我提议:"孩子们,现在大家一起来到大海边,卷起裤角,感受一下赶海的快乐,好吗?""好呀! 可是……""不要紧,同学们,现在你们把教室看成是大海。老师给你们配音,你们来做表演好吗?你可以只表演一个赶海小朋友的动作,也可以几个赶海小朋友的动作与声音都模仿,好吗?""好!"孩子们兴致非常高。

我兴奋地读着,孩子们快乐地表演着,一个个活像满载而归似的。一遍读完了,他们在各自的舞台上意犹未尽,还想再过一把瘾。"好,我再来给你们配一次音,怎么样?"孩子们连声叫好。他们兴致很高,我自己也沉浸在赶海的愉悦之中。又一次体验结束了,很多同学还在自我陶醉呢!班里一贯背书最慢的吴磊却举起了手:"老师,我想试着背一背。""真的?"我简直不敢相信自己的耳朵,但是马上醒过神来,"好极了! 同学们,请大家对吴磊的勇气给予掌声。"在一片掌声中他开始背诵起来,背诵得虽然吞吞吐吐,而且是边想边背,中间的词也不是非常准确,但是一段居然让他背了下来,这真是个奇迹。同学们看到吴磊都大胆地背诵,开始跃跃欲试,站起来一背也都背得八九不离十,我真佩服他们。问其原因,他们说:"通过刚才的两次表演,我们把大概内容都记了下来,背诵时只要回忆一下刚才自己做了哪些动作连贯起来背诵就可以了"。哦! 我又一次在课堂上用肢体语言帮助孩子们完成了学习任务。

因为这一段的描写非常富于童趣,孩子们感兴趣,文中赶海的孩子也写得活灵活现。学生们通过自己的理解来表演,有时动作也许很不到位,但是他们在自己的舞台上自得其乐。在饶有情趣的表演中,让学生入境悟情,加深了情感体验,同时也促进了学生的记忆,真是事半功倍。

这堂课也让我进一步意识到课堂教学要以学生的活动为主线,激励学生主动参与、主动实践、主动探索、主动创造,以活动促学习,以活动促发展。

让学生玩好,让活动激活学生的情感,是游戏课堂的亮点。

四、调动学生积极参与

利用挑战创设识字情趣。学习《石榴》一课识字时,要提高检查预习的难度,老师把这一课中含有生词的句子都藏在了石榴果的背后,石榴果越大,题目的难度就越大。让学生自己选择,来挑战! 开始!

生:我选果子最小的一组。(众笑。)

师:1号题? 看来你是一个平时做事很稳当的人。这句话只有一个生词,你一定能读好。

生:春天来了,石榴树抽出了新的枝条,长出了嫩绿的叶子。

师:读得真棒! 请坐。大家都情不自禁地给你鼓掌了。同学们,第一位挑战者初战告捷,接着你们也来挑战吧!

生:我想选3号题。

师:虽然是弱不禁风的女孩子,勇气却了得! 这段话中可有不少生字,你有信心读好它吗?

生:熟透了的石榴高兴地笑了,有的笑得咧开了嘴,有的甚至笑破了肚皮,露出了满满的籽儿。这些娃娃急切地扒开了绿黄色的叶子向外张望,向人们报告着成熟的喜讯。

评:通过检查预习,指导学生如何把书读正确、读流利,这个环节的教学刺激、扎实、精彩。让学生自己选题检测,带有很大的未知性和挑战性,使学生感到新鲜、刺激;字字入目,句句过心,深挖细找,不留"死角",读准字音,读通句子,这样严格训练,培养学生良好的认读品质,扎实有效;教师引导既自然又步步深入,点拨关键能恰到好处,评价既准确又风趣得体,把鲜有亮点的初读教学上得有声有色,兴趣盎然。

孔宜政的《让学生爱不释手的词语故事》值得一读:

复习 AABB、ABB、AABC、ABCC 等类型的词语时遇到了麻烦:词语类型太多,每种类型的词语学生至少要掌握四个,学生比较为难。我用了编故事的方法,效果很好。

ABCC 类的词语:一天,一个妖怪怒气冲冲、风尘仆仆、千里迢迢赶到了花果山找孙悟空打架,孙悟空威风凛凛地站在山头,山脚下是一帮忠心耿耿的小猴子。大战几个回合后,妖怪气喘吁吁,逃之夭夭。

ABB 类词语:我懒洋洋地坐在软绵绵、脏兮兮的沙发上,一边吃着黑乎乎的面包,一边数着白花花的银子。

AABB 类词语:天冷,我把自己裹得严严实实的,走起路来摇摇晃晃的了。雾很大,眼前一片模模糊糊,我差点掉到水沟里。我躲躲闪闪,嘿,没一会儿,我就蹦蹦跳跳、高高兴兴地回到了家里。

AABC 类词语:我的外婆有一双炯炯有神的眼睛,外婆到我家做客,我彬彬有礼地接待了外婆。外婆把我家收拾得井井有条,还烧菜给我吃,我吃得津津有味。外婆要走了,我依依不舍。外婆走后,我闷闷不乐。

"不( )不( )"类型的词语:一个小男孩不知不觉地变得不伦不类、不三不四的,和他说话他也不言不语、不理不睬,他的爸爸妈妈好失望,就对他不管不问了。

像"远近闻名"里面反义词在第一、二个位置的类型的词语:黑队与白队打仗,放眼望去,战场上黑白分明、黑白相间。在这生死攸关的时刻,黑白双方都下令停战,顿时士兵们悲喜交加。

通过这样的趣味故事,让本来难记难懂的词语很快进入孩子们的脑海。这就是一个小学语文教师的教学智慧。

第三章　师生互动为情趣课堂注入生机

第一节　师生互动要以教师带动为前提

一、搭建语言平台，激起学生表达欲望

作为教师，就是要搭建良好的平台，激活学生特有的语言意识和表达意识，让孩子有表达的冲动、交流的欲望。

在下面的这篇教育叙事中我们发现，正是老师作为学生学习的指引者，课堂上才会精彩纷呈。老师还要用学生愿意听的话去讲学生不明白的道理。有魅力的课堂语言是优化课堂环境的兴奋剂和润滑剂，使师生双方能在融洽和谐的课堂环境中完成交流。

爱迪生的"三个太阳"

苏教版二年级下学期的本单元的课文全都是介绍名人，引导孩子们向名人学习，从小做事认真，从小立志，努力奋斗。

今天上午的第一节课《晚上的"太阳"》，导入部分和孩子们一起分析课题时，首先让他们发挥自己的想象，回答我提出的问题："孩子们，看了课题你们有什么想法吗？有什么要和同学们一起分享吗？"

"老师，为什么晚上会有太阳呢？"有孩子说。

"老师，'太阳'加了双引号说明不是真正的太阳。"有孩子补充说。

"老师，其实这太阳是油灯，而不是真的太阳。"有孩子马上

回答。接着有孩子说:"我觉得这太阳就是电灯。"

呵呵,孩子们经过预习,对本课的内容有了初步的了解,对于这样的课文我需要花点时间用不同的教学方式才能把孩子带进课文里去的。趁着孩子们谈兴正浓,我在黑板上板书了:

太阳——"太阳"——"太阳"

"孩子们,本课中蕴藏这三个太阳,聪明的你们能够找出来吗?好,大家现在读课文并思考好吗?"

快速阅读过后。我说:"孩子们,我们先来看看爱迪生的家里发生了什么事?"孩子们开始看课文作答。

我引导孩子们:"妈妈怎么样?"

"痛苦地呻吟。"

我又问:"爸爸怎么样?"

"无可奈何地搓着手。"

我接着问:"爱迪生怎样?"

孩子们开始抢答,"站在一旁很焦急。"

"孩子们,爱迪生还会怎么样?"我引导孩子们想象。接着让孩子们找出了下一句话,"爱迪生的手心攥出了汗水。"

"为什么他会这样呢?"我继续问孩子们。

"因为他着急。"

"因为他心痛。"有孩子接着说。

"是呀,痛在妈妈身上也痛在爱迪生的心里。他们都很着急,因为缺少什么?"我问孩子们。

孩子们静静地思考,接着回答。

"光线暗,不能做手术。""不是白天,油灯不行。"

我接过他们的话问,"是呀,光线暗是因为什么?"

"没有太阳。"

"对了,孩子们。这就是我们今天讲的第一个太阳,这是真正的太阳,所以老师没有加引号,对不对?"

"是的,因为只有太阳才能给我们带来光明。"有学生说。

"太棒了!是呀,没有太阳就没有光明,所以大家都很着急。爱迪生开始想办法,所以手心急出了汗水。"

"所以爱迪生想到了要用油灯做'太阳'。"有孩子说。

"对了,这就是第二个'太阳',同学们看看爱迪生怎样做出来的好吗?"

孩子们汇报了课文内容。

"孩子们,爱迪生的妈妈得救了,大家都很高兴。爱迪生能够发明出这样的'太阳'是什么原因呢?"

"他是肯动脑筋的孩子。"

"他利用了自己的智慧。"

"他是孝顺的孩子。"

我想引导他们想出,光立志不付出是不行的。"孩子们,爱迪生还做了什么?"终于,文秀说:"他还要经过反复的实验。"

"是呀,无论什么发明都是需要经过反复的实验,要经过无数的失败,只有不怕失败、不折不挠,才能获得最后的成功。"孩子们若有所获。

"老师,爱迪生是通过光的反射来做这个太阳的。"小贺说。呵呵,小家伙遇事总能问个为什么,真不错。

接着我们深入第三个太阳的学习。

"孩子们,爱迪生救了自己的妈妈,他从此就骄傲了,觉得自己了不起什么都不做了。"

"不是的。"大家群起抗议。

"老师,爱迪生救了妈妈以后没有停止,他发誓一定要做出'晚上的太阳'"。

"是呀,孩子们,正是爱迪生从小立志,试用了6 000多种材料,试验了7 000多次,终于发明了电灯,为我们人类造福。这就是他终于制作出来的第三个'太阳'"。

希望这节课让我的孩子们心中也有了"太阳"。

在课堂教学中,指导不是关键,要相信学生的动手、动脑的能力。在任务型活动中,教师是活动的组织者、引导者,是一种媒介、桥梁,是学生活动的伙伴。教师在教学活动中也可以教给学生学习的方法和技巧,积极热情地参加学生的活动;同时教师要在活动中加强与学生的沟通,教师需要运用语言、动作、表情等控制好课堂;给学生充分的实践机会,给学生自我表现和自我发展的空间,学生才会真正成为学习的主人。这时,教师一个赞许的眼神、一句肯定性的评价或一句鼓励性的话语,都会给学生莫大的成功感。另外,学生掌握新知识之后,能否形成"活学活用"的能力,是知识迁移、知识灵活运用的关键。在这一环节,教师既可给学生提供一些相关任务,又可让学生结合自己的学习要求设计一些与他们的生活、学习贴近的活动情景。这样,学生的积极性会更高,兴趣会更浓,在语言实践中更容易迸发出创造性的"火花"来,学习效果会更显著。

二、抓住突发事件,收获意外惊喜

教师应成为教学活动的组织者,更多地表现在为学生设计有助于学生探索交流的情境,有效地组织课堂教学的各个环节。教师角色的转变绝不是说教师的作用降低了,教师不重要了,全部放给学生去做。课堂资源的开发,教学情境的设计,教学中可能出现的问题的准备等都是教师应当周密计划的,应当说教师的责任更重。教材是组织教学活动的依据之一,但不是唯一的依据。教师有责任为学生设计更加符合学生学习、符合学生实际的教学内容和学习情境,大胆捕捉每一次拓展教学的机会,为学生创造不同的学习情境。一年级上学期,在一次突然降落的冬雪中,一位老师遇到了这样的事:

今年的第一场雪

上午第一节课,我做好了《识字5》的课件,准备让孩子们第二节课到多媒体教室去上。因为下雨,地面潮湿,大课间活动不能正常开展,我想让孩子们大课间就到多媒体教室去,找点视频给他们看。下课铃响了许久也没见到孩子们上来,我疾步跑到教室,教室里也没有孩子。急得四下寻找,因为这样无人看管的大课间,孩子们最容易出安全事故。还没到操场,就听到了阵阵欢呼声,原来他们都在操场上"看雪"呢!

　　虽然只是零星的雨夹雪，操场上已经站满了大大小小的孩子，都抬着头仰望着天空，一边还大叫着："下雪啰！下雪啰！"我们一年级的孩子叫得更欢，也有瞎起哄的因素。真不忍心打断他们的快乐感受，我还是稍等一下再打扰他们，我也欣赏一下他们忘情的祈雪活动吧。在大人眼中，这不能算下雪，而孩子们已经乐得不得了，高兴地奔跑着、欢呼着，大声地相互转告着。这就是他们的快乐，一种简单而纯粹的追求。

　　五分钟过去了，还是担心他们会淋湿了衣服，着凉生病，一声哨音，残忍地打断了他们的愉悦。我让他们整队上了四楼，有的孩子还是迟迟不愿进教室，专注地欣赏着空中飘落的或有或无的"雪花"。你别说，这时的天空也许被孩子们感动了，原来的小雪点变成了小雪花，整个天空变成了白茫茫的一片，这时倒可以称为"下雪了"。孩子们更兴奋了，大叫着"可以堆雪人，打雪仗了。"我很清楚，这场雪肯定不能完成他们的心愿，地面温度高，不可能有积雪，而且这两天下大雪的可能性不大。上课铃响起，孩子们极不情愿地走进教室，还一面掀起教室的窗帘往外看。他们也许担心一节课上完，这可爱的雪花会不辞而别吧！

　　不禁想起以前带的班级，每次下雪都会给孩子们找灵感，带他们打雪仗，看雪，堆雪人，孩子们在亲身感受之下都能写出好文章。这次虽然是一年级，他们已经学会写话了，为什么不可以引导他们写话呢。我当即决定，这节课不上《识字5》。我来带孩子们在视频中"看雪"，"感受雪"。很多时候，孩子们每天都在做的事他们都不会写，就是缺乏引导，不知什么该写，该怎么写。我下载了《第一场雪》的配乐、配视屏朗诵，让孩子们在欣赏大雪纷飞的自然风景，在观看视屏中孩子玩雪的过程中感受一下怎样"写雪"。接着，我又和孩子们一起欣赏了几篇小学生的写雪作文，这些语句和感受更接近于孩子们的水平，他们能听懂。趁着这个场景，我顺便让孩子们知道，其实写话很简单，就是用我们的眼睛看，用我们的脑子想和记，用我们的手把它写下来就行了。一节课下来，他们对雪的渴求也得到了补偿，对怎样写雪有了初步感知，希望今晚他们能写出"不一样的雪"，更希望今天的"趁热打铁"之举能够给孩子们以后的写话之路奠定更好的基础。

这是利用一次突然的事件，引导一年级的孩子学习写话。后来孩子们的写话作品还是不错的。

不少孩子写出了昨天的那场"雪"，选择几句在此共享吧：

王益洋：今天上午下雪了，我很想打雪仗，但是下得太小了，一落到地上就化了。

李潜：今天上午，我们正在上第一节课的时候，外面就下雪了。

马婧媛：今天下雪了，我很喜欢下雪，可是中午放学回家的时候，我的鞋子却潮了。

邢文秀：今天中午，下了一场小雪，我看到飘落的雪花高兴极了。

杭欣悦：今天下了一场小雪，可是不能堆雪人、打雪仗。

梅子阳：今天上午，天空中飘起了雪花，漂亮极了，雪花一落到地上就化成了水。

陈品飒：我不知道明天下的雪大不大，如果大，我就可以堆雪人、打雪仗了。妈妈去年在露台堆的雪人真丑。

张正义：今天是这个冬天下的第一场雪，一片片雪花从天空中落下来，我非常高兴，因为下雪可以堆雪人、打雪仗。

刘怡彤：我希望下厚厚的一场雪，我们就可以堆雪人、打雪仗，那多美呀！

贺志翔：今天上午下雪了，可是下得太小了，如果下大点我们就可以堆雪人、打雪仗了。

李林骏：今天，我们正在上第一节课的时候外面突然下雪了，这是今年冬天的第一场雪。

李茜茜：今天下雪了，我感到很冷。天空中飘着纷纷扬扬的雪花，美丽极了。小朋友们看到了下雪，都非常高兴。

赵立伟：今天下雪了，我看见雪花像鹅毛一样飘来飘去，好看极了。

赵安然：今天下雪了，我很开心，因为明天可以打雪仗、堆雪人了，但是下雪天挺冷的。

蔡子荔：今天下雪了，我在窗户里看见雪一落在地上就变成了水。

李荣志：今天是入冬以来下的第一场雪，我很高兴，希望下的第二场雪很大很大。

孩子们的稚笔，虽然内容简单，许多都很重复，但是，在我看来都是挺好的，继续坚持写话，我相信孩子们以后的写作水平会不断提高。这也算是他们在一生中无数次"写雪文"中的开篇之作吧！

教师只有想儿童所想，才能做到关心理解学生，才能实现与学生心灵上的沟通、情感上的交流、学习过程中的合作，才能建立起真正的师生友好互动的合作关系，也才能让我们的课堂产生意想不到的效果。

三、点燃学生课堂学习兴趣

成功的课堂，绝不仅仅是智力活动，也应是丰富的情感活动，思想和智慧本身也是情感所在。没有上课激情、只是视上课为谋生手段的教师，不会上出生动的课。充满激情的教师给课堂注入了灵魂，他的思想、感情会像朝阳一样喷薄而出，让学生受到强烈感染。在平时的课堂中，经常有这样生动活泼的现象：

让我们一起动起来

前两天可能是上课太忘情，太陶醉，嗓子又哑了，疼得厉害。但是，还是感觉上周的课上得很开心，我上得开心孩子们听得也开心，他们和我一起长成了一棵棵春笋，变成了一滴滴小雨点，我们快乐而忘情地演绎着自己觉得最满意的形象。

两篇美文都是短小而精美的。我以最短的时间带着孩子们感受了课文中语言的童真与美妙。

《春笋》里的一棵棵小春笋，在春雨的沐浴下，向上生长，充满了力量。他们被春雷惊醒,掀翻石块,冲破泥土,全身积攒了巨大的能量。他们充满了生机,快乐地生长,在春风里笑,在春雨里长。单纯靠简单的诵读课文,孩子们的感受是不深的。

我一声令下:"小春笋们起来吧,我们一边背诵课文,一边用你们最喜欢的方式表现春笋生长的样子,好吗?"孩子们的劲头上来了,脸上充满了笑容,他们将在自己的舞台上展示最精彩的角色形象。所有的孩子都进入了主动学习与创造性背诵和表演的状态,我看到了一贯不善表达的王俊快乐地蹲下身子表现着春笋掀翻石头的样子;我看到了腼腆的舒雅抱着双臂表现春笋娃娃嫩生生的模样;我也看到了一直因成绩不太好而自卑的友明笑得眼睛眯成了一条线,双手合一正学着春笋向上生长。

最后一个自然段是孩子们情绪最高涨的阶段,"一节,一节,又一节。向上,向上,再向上。"孩子们和我一起,蹲下身子,双手合拢,一边大声并不断提高音量背诵着这段话,一边往上长。

哈哈,孩子们在愉快的表演中反复做了三遍,不仅全班同学迅速背掉了课文,而且把春笋生长的力量与激情完美地融入了诵读之中,我也陶醉其中,不知不觉下课铃响了。

上《小雨点》这课是我先报完第一课听写后才开始上的。小诗很短,反复的句式孩子们好记忆。但是,对于课文中所表现的小雨点不同的状态必须让他们充分感知,然后再引导他们理解为什么会有这样的变化,直观易行的方法也就是带着他们一起表演,一起动起来。

我首先让孩子们朗读课文,我在孩子们的朗读声中画出了不同的场景:"池塘"、"小溪"、"江河"、"大海"。接着我们一起开始变成小雨点,我们在池塘里睡觉,在小溪里散步,在江河里奔跑,在大海里跳跃。整个教室在我的带动下沸腾了,但是没有孩子做与课文无关的事,他们都在想办法表现不同形象的小雨点。

表演两遍以后,孩子们对课文内容大体有了了解,有的孩子已经背熟了。我要把问题抛出来，引导他们思考。分别指着我在黑板上的图画给他们提问："孩子们，能想象出为什么小雨点在池塘里就睡觉呢？"

"因为它困了。"

我继续引导："你们想想，你们看到的池塘是什么样的，它和江河比和大海比有什么不同呢？"

"池塘里的水很少"，有同学说。有点靠谱了。

"池塘里的水不像小溪里的水能流。"说得越来越棒了，我继续让他们往下想。"池塘里的水很平，像镜子一样。"

这孩子一下说到点子上了，我高兴极了，总结了一句："因为池塘里的水很平静，所以小雨点在池塘里睡觉呢。"

经过池塘里小雨点的讨论，后面的问题就迎刃而解了。不过还是不乏孩子们的奇思妙想，我在孩子们充满想象力的语言中感受着幸福。

当讲道"小雨点在小溪里散步"，梦雅说："因为小雨点长脚了，所以它能散步。"这是因为课文插图里的小雨点确实长了脚。

"老师，我知道小雨点为什么不能在江河里睡觉了，因为它如果睡着了就被其他奔跑来的小雨点踩着了。"子阳真是有逆向思维。

"老师，我也知道小雨点为什么不能在大海里睡觉，因为大海里的浪花声音太大了，小雨点睡不着。"

"老师，我——"

孩子们的话儿说不完，他们就是在跳跃的思维中感受了文字的美，找到了学习语文的快乐，我也从中找到了教授语文的快乐。

嗨！这样的感觉就对了。

教师的激情可以振奋学生的精神，感染学生的情绪，让学生情不自禁地参与课堂、投入学习。与学生平等的交往、亲切的辅导，和学生共同的活动、给学生指点迷津、巧解学生的疑惑，可以引导学生走向成功的彼岸。

总之,教师在课堂上有了旺盛的精力、饱满的热情、容纳百川的胸怀、成竹在胸的信心,方能使课堂氛围活跃热烈、紧张有序,其效率就会明显提高。

四、积极激励学生学习兴趣

我们都知道,课堂是学生开展学习活动的中心,学生在课堂上的参与表现直接影响着其自身的发展。新课程倡导学生主动参与课堂教学,要求教师积极营造师生互动、生生互动、多向交流、教学相长的课堂氛围。那么,参与到课堂中,思考并回答问题就是一种积极有效的学习方式。为了努力达到人人参与课堂,人人从课堂中受益的目的,这就需要教师多方引导,并随时关注课堂中每一个孩子的表现,及时调整每一个孩子的参与状态。为此,本节课我的观察切入点就是依据教师的引导、提问,学生的回答,以及他们的其他课堂参与形式,观察学生的课堂参与度及教师对每一个学生的关注度。一节课的成功与否,很大程度上取决于教师是否最大限度地调动学生的学习积极性。发挥教师的主导作用和学生的主体作用,提高学生的学习兴趣的前提是教师精心准备的每一节课,努力在课堂上设置真实情境,给予学生愉快的情感体验,使学生在获得知识的同时享受乐趣。

一位老师在执教《鱼游到了纸上》一课时,我做了认真、详细的记录,全班共有36名同学,其中多数同学能够积极主动参与到课堂中来,自主、单独起来回答问题的同学有29名,回答过问题的同学占全班同学的80%以上。当然,学生的参与情况也不是完全一样,有1名同学参与比较积极,回答了5个问题,2名同学回答了4个问题,6名同学回答了3个问题,多数同学回答了1~2个问题。当然,这并不意味着只有回答问题的时候同学们才参与到课堂中来,通过观察我发现,在别人回答问题的时候,其他同学的表现也是一种积极参与到课堂中的状态。

例如:同学们在读聋哑青年"呆呆地、静静地"爱鱼爱到了忘我境界的时候,不同的同学就能够读出不同的感觉,可见,他们都是在用心体会,在用心朗读中参与课堂。

另外,在课堂上,我们也不难见到同学们小手林立的情景,他们是在思考中参与课堂。

还有课堂上这样一个环节——老师说:小姑娘的这一叫可谓是一石激起了千层浪,围观的人纷纷议论着,赞叹着,(出示大屏幕)想象他们分别说些什么了?这时同学们的回答可谓各显千秋,有的说青年画鱼画得栩栩如生,有的说他画得太好了,尤其是后边总结这是一个怎样的青年的时候,有说意志坚定的,有说专心致志的,还有说持之以恒的。所以说,如果没有高度的课堂参与,又怎能够有如此精彩的回答呢?!

另外,我还观察了老师层面。在课堂上我观察到张老师一直在用眼神与学生交流,在学生思考、疑惑或者回答问题的时候,张老师的眼神都有所不同,语气也时而高昂,时而低沉,所以,我感觉这节课张老师已经与学生、与整堂课融为一体了,的确做到了高度关注每一个学生的发展,培养学生学习兴趣。

当然,要想使每一堂课的参与度与关注度都达到100%,这不是一件容易的事,这也是我们的一种教育期望。转变教学观念,优化教学过程,关注每一个学生,让每一个学生都能成为课堂的主体,这还是一项任重而道远的工作,还需要我们今后更好地去研究,去实施!

第二节　师生互动要以学生主动参与为目标

一、学生主动探究讨论是互动的目标

在课堂教学中,如何艺术地引导学生敢于参与、乐于参与、善于参与,真正做到自主学习、自主发展?教师可以充分运用电教媒体把以"教师导"为主变为以"学生学"为主。例如教学《我应该感到自豪才对》一课时,我指导学生读完课文后,出示小红马和骆驼再次相遇的画面,讨论:"小骆驼会怎么说,怎么做?"学生各抒己见,一个学生昂首挺胸地走上讲台说:"小红马,我的睫毛、驼峰用处可大啦!"另一个同学说:"小红马,你敢和我去沙漠比试吗?"还有同学说:"我们不能光看外表,好看的不一定管用!"……学生俨然把自己当作了小骆驼,通过学生自主讨论,学生不仅学懂了课文,同时,思维能力、想象能力与表达能力也得了提高。

又例如,当一位老师上《嫦娥奔月》中的"嫦娥吃了仙药,突然飘飘悠悠地飞了起来。她飞出了窗子,飞过了洒满银辉的郊野,越飞越高。碧蓝碧蓝的夜空挂着一轮明月,嫦娥一直朝着月亮飞去。后羿外出回来,不见了妻子嫦娥。他焦急地冲出门外,只见皓月当空,圆圆的月亮上树影婆娑,一只玉兔在树下跳来跳去。啊! 妻子正站在一棵桂树旁深情地凝望着自己呢。'嫦娥! 嫦娥!'后羿连声呼唤,他不顾一切地朝着月亮追去。可是他向前追三步,月亮就向后退三步,怎么也追不上。"

教师领着孩子们学习这段时,先让他们体会嫦娥奔月的美,从这种美中体会嫦娥的美是凄美,是不得已的行为。

在学习后羿焦急状态时,老师让孩子们通过课文描写说出后羿的心情,并用自己的话说一说。

这时,一个孩子说:"后羿既然能够射日,为什么不能把月亮射下来,那样不是就能见到嫦娥了吗?"

老师抓住了这个生成性问题,让全班同学一起想一想为什么?

生1:因为后羿担心会把嫦娥射到,伤害了她。

生2:假如后羿射下了月亮,我们晚上就什么也看不见了。

生3:嫦娥奔月就是为了老百姓们不受伤害,她是不会同意后羿把月亮射下来的。

生4:后羿射日也是为了万物生灵不受灾害,他也不会因为自己的妻子而去射下月亮的。

经过孩子们思考和回答,这篇神话故事里需要体会嫦娥为民牺牲自己个人幸福的美好品质的道理变得浅显易懂了。

教育的本质在于参与,没有学生的积极参与,任何教育是不可能产生什么效果的。在课堂教学中,老师只有积极创造条件,多提供机会,让学生的参与落在实处,才能促进学生主动探求,提高学生的学习质量。在学生参与学习的过程中,培养学生的独立观察、思考和分析判断能力,主动探索获取知识的能力。讨论也是一种很好的参与方式,讨论能集思广益,有利于学生的主动参与,也有利于学生之间的多向交流,学习别人的长处和优点;讨论也能促进师生思想感情的交流,和谐师生关系,还能培养学生的协作精神和创造精神。

在讨论交流的过程中,充分发挥小组群体活动的主体功能、互动功能,激励交往机制,培养学生积极参与、平等竞争、相互协作的良好习惯,做到相互促进,共同提高。把教师的主导作用放在指导学生的主动学习上,使课堂教学变"讲"为"导",让学生积极主动地获取新知识。

二、学生主动思考品味

小学语文教学中,培养学生的独立思考能力是新课程改革的核心。调动学生学习的主动性,是培养学生创新意识、创新能力的基础性工作。为此,应该在教学过程中多花点工夫,多方面地引导学生学习,激发学生的思维,从而提高教学效果。

(一)营造课堂氛围,活跃学生思维

创设良好的课堂教学气氛,是实施语文课堂教学的前提。应树立正确的教学动机,建立健康和谐的课堂师生情感,以激发学生学习的动机,培养学生学习的兴趣。课堂氛围的核心应该使学生的思维活跃,这正如有学者说的"教学法一旦触及学生的情绪和意志领域,触及学生的精神需要,这种教学法就能发挥高度有效的作用"一样,具有极大意义。活跃学生思维是营造课堂氛围的重要目的。

为此,我运用挂图、VCD、电子琴、卡通玩偶等教具,在课前通过播放相关视频,吸引学生的注意力;指导看图,让学生边看边思考自己想到的问题以便等一下提出来,让同学们一起来品味课文。如在教《纸船和风筝》时,我和学生一起戴上自制的松鼠、小熊的头饰,让其感受角色,从而缩小师生距离感。当上到松树和小熊因一点小事吵了架,不再互送礼物了,我这只小鸟就飞出来,讲述每天看到的情景,而后来不见了纸船和风筝,则对小熊和松鼠进行了采访,并要学生谈谈今后会怎样做。学生纷纷放开自己的思维,独立思考,各抒己见。如此一来,课堂气氛活跃了起来,

学生自然乐学,也达到了课前设计的目的,为下一步的教学打下了坚实的基础。

(二)鼓励自主思考,形成良好习惯

由于低年级学生年龄小,学习目的不明确,思维还不成熟,未能较好地开动思维进行思考,因此,要使小学生学会思考,就必须使学生对语文产生浓厚的兴趣,而这就需要鼓励他们大胆思考,从思考中受益,并逐步形成良好的思考习惯。

在每一次授课前,我都会鼓励学生在课前先利用一切方式进行预习,课堂上则利用给学过的字换部首、减部首等方法来帮助学生对生字词的认知,对生字的读音、结构、部首、笔顺、笔画数进行巩固的基础上,再循序渐进地进行组词、扩词,从而在实际语境中运用生字词。学生经过自主思考后,我再引导其把课文读通,想想哪些地方不懂? 如能借助工具就先解决,如不能再带着问题熟读课文,利用上下文想一想解决的办法,确实无法解决的就把它搬到课堂上解决。进而,我注重从学习习惯、学习方法方面做文章,使学生形成新的认识,产生新的动力,启发学生结合现实生活进行对比分析,形成科学的学法。此举对促进学生独立思考、启发学生质疑问难,起到良好的推动和导向作用。

针对课文难点,我总是故意设疑,启发学生学会思考。有时,学生常常对同一问题有不同的见解,我也鼓励他们发表不同的看法;有时,学生思考遇到困难或思维处于压抑状态而不愿思考时,我及时加以点拨,调动他们思考的积极性。如教学《我要的是葫芦》时,我提出了一个问题:可爱的葫芦为什么会落呢? 对于低年级的学生,这个问题有一定难度,需要加以引导。教学时,我并不急于让学生回答问题,而是先让学生根据图想想绿叶时的葫芦长得怎样? 黄叶时的葫芦又怎样? 为什么? 有的学生说:"绿叶时葫芦长得很可爱,黄叶时葫芦落下来了。"有的说:"叶子黄了,藤也会慢慢干了,所以葫芦就死了。"有的说:"叶子能吸收养料,葫芦靠叶子来吸收营养的。"有的则说:"我知道,葫芦先发芽,长叶,然后开花、结果,如果叶子长不好,那果实就长不好"……如此教学,使得学生独立思考的空间比较大,能体现其学习的主体性,从而培养学生独立思考的

能力和养成独立思考的习惯。

（三）给予积极评价，促进主动思考

"感人心者，莫先乎情。"教师的评价对学生的情绪和情感影响不可估量。因此，教师评价的语言应该重情感的投入，即用简短而恰当的语言热情地给予评价，让学生真正地感受到成功的愉悦，让学生更为主动地进行思考。如在教学《雨点儿》一课时，我让学生说，都见过哪些雨。学生说："毛毛雨，小雨，大雨，雷阵雨，狂风暴雨。"这时有个学生站起来说："老师，我知道雨是怎么形成的，是云里的许多小水珠汇集到一起后，落下来就成为雨了。"尽管学生答非所问，我仍高兴地及时给予了鼓励性评价："你真爱学习，知道这么多的知识，老师都要向你学习，祝贺你!"他兴奋地望着我，开心地笑了。在教学的过程中，我总是根据课文内容来确定奖励的物品，如在教学《纸船和风筝》一课时，我每次对小熊进行采访时，对回答中肯的同学就奖励一颗纸制草莓，敢于质疑同学意见且有理有据的就奖励一个松果，学生见此，当然更为主动地去思考了，纷纷积极发言，从而在潜移默化中得到质的提高。

总之，低年级语文教学中，只有在营造良好课堂气氛的条件下，适当地鼓励学生大胆思考、独立思考，自然能调动学生的学习积极性，使之形成主动思考的意识和创新的能力。

三、学生主动参与"评价"

（一）学生相互评价提高课堂情趣

小学语文课堂教学中学生相互评价能力的培养，对全面提高学生综合素质具有十分重要的作用。

课堂教学中，教师的评价无处不在。对学生的一言一行作出评价，如回答问题时的仪态、语言及回答的正确性，上课的坐姿、写姿、纪律要求等，这些都是教师对学生的评价。那么，如何在语文课堂上培养学生的互评能力，使学生达到相互欣赏、共同发展的目的呢?

有效的互评首先建立在同学间的相互信任和尊重上，它是一种发自

内心、真诚的爱。同学间是相互平等友好的,相互了解沟通的。彼此间以赏识的眼光给予对方认可,是一种积极的评价。"人非圣贤,孰能无过",应以一颗宽容的心欣赏对方,寻找对方闪光点,对于缺点,提出希望,激励其不断努力。引导学生掌握一般的评价方法。当遇到学生不知该怎么评时,教师就起到引导的作用,提示从哪几方面去说。

开始时,需要教师"扶着学生走",要求学生先评优点,再评缺点,说缺点时,鼓励用激励性的语言使其乐于接受意见并改正。例如对朗读声音小的同学,可以说希望你以后朗读时声音再响亮点,或假设性说,如果你朗读的声音再大点,会让我们听得更清楚,效果会更好等。每当有学生回答问题和发表见解时,我们一定会请两个或两个以上学生发言,或从不同的角度阐述自己的观点,或补充说明,甚至有时会因双方观点不统一而发生争论。其实在这个过程中,学生的心里已经在对发言人进行评价了,或对发言人的观点表示赞同,点头称是,或想迫不及待地发表不同意见。这是个复杂的思维过程,既对发言人的发言作出反应(评价),又融入了自己的观点,不仅活跃了思维,表达能力也得到了训练。

(二)鼓励学生评价教师

教学相长,教师是学生学习过程的组织者、引导者、点拨者,也应是学习者。学生需要学习,教师也需要学习,两者在知识层面上是互为增益的。课堂上,教师可评价学生,学生也可评价教师。

如著名特级教师于永正在上《燕子》一文时,有个学生当堂发问:"燕子在水面飞的时候,为什么要用尾尖沾水?"于老师想了想,回答说:"燕子要吃水里的小虫、小虾,所以先用尾尖沾水缓冲一下,不然燕子就会因惯性一头栽进水里。"教师话音刚落,就有一个学生站起来反驳:"老师,我觉得你讲得不对,我在乡下观察过,燕子吃的是水面上的飞虫,它不吃小虾。"于老师被学生将了一军,但并没有斥责他,相反却表扬了这名学生,说:"你不盲从,能坚持真理,在这儿老师的确应向你学习。"在这一环节中,如果老师为了维护自己的面子,当头给这名学生浇一瓢冷水,那么,他的批判性思维的火花就会被浇灭。因此,课堂上教师应与学生民主对话。

（三）引导学生自我评价

引导学生独立思考、判断，想一想自己在学习过程中的成功之处和不足之处，再现认知过程，学会自我评价。

如在教学《倔强的小红军》中指导朗读小红军外貌这一节，当一名学生站起来读得不理想时，教师可相机范读，让学生认真听，与老师比较，学生听后很快明白自己刚才的不足，作出了这样的自我评价：我觉得老师读得非常好，抓住了"黄黄的小脸、破草鞋、冻得又青又红"等词语，突出了小红军又冷又饿、十分可怜的样子，语速要慢些，而我只注意到了小红军显得有点可爱，没有抓住这些关键词语突出可怜。然后，教师马上给他提供有针对性的自我改进的机会——模仿自由练读。然后又叫了那位同学读，的确他读书时注意了刚才提出的这些关键词语，效果好了很多。于是我再次引导他作自我评价，你觉得与第一次站起来读有什么不同？学生马上回答："我这次读得比刚才有感情多了，注意要读出小红军可怜又可爱的语气，但我觉得还是没有老师读得好。"多么可贵的发现。教师及时表扬了他善于学习、会吸取别人的优点。如此设计，引导学生以批判的眼光剖析自己，在反省中不断地完善自己，锻炼了他们批判性的思考能力，促进了他们个性的健康发展，提高了自评能力。

（四）集体的合作评价

创新需要合作，在评价中培养学生的自评能力、合作能力，一举两得。如在教学《麻雀》这一课老麻雀救小麻雀这一情节时，有的学生认为老麻雀怕猎狗，有的认为老麻雀不怕猎狗，针对两种不同观点，我先把他们分成两大组，让持相同观点的学生自由组合成四人一组进行讨论，相互补充，从而弥补了学生独立学习的不足。在此基础上展开擂台赛，双方陈述怕与不怕的理由，比比哪一方理由能充分说服对方。在一番唇枪舌剑后，答案已渐渐明朗：老麻雀在如此凶残的猎狗面前的确有些害怕，但强大的母爱的力量使她忘记了害怕，从而奋不顾身飞了下来，因此说仍旧是不怕占了上风。教师最后统一认识，这样学生在心灵深处真正感受到"母爱"的无私、无畏、无价。可见，学生在合作中自我评价，获得了自主发展，鼓励了求异思维,开发了创新潜能。

学生与学生之间的相互评价十分重要,这是一个非常具体的评价过程,也是促进同学间相互监督和共同发展行之有效的方法。如果说教师和家长的口头评价是以大人的眼光和思维看待孩子、衡量孩子,那孩子间的互评是设身处地、具有亲身体验、客观实在的评价。培养学生的互评和自评能力,让他们真正成为班集体的主人,通过同学间欣赏的目光、激励的话语、真诚的希望使其正确看待自己的优缺点,能够主动、自信地不断完善自己,这样就达到了评价的主动参与、自我反思、自我教育、自我发展的目的。同时,在相互沟通中,增进了同学间的了解和理解,容易形成积极、友好、平等和民主的评价关系。

四、学生大胆质疑权威

在我们大力倡导学生自主学习的今天,培养学生的语文质疑能力,让其主动自觉地去发现问题、解决问题,尤为重要。"疑是思之路,学之端。"质疑是对学生主体地位的尊重。学生充分质疑可以使教师的教学针对性更强,能够更加有的放矢地引导学生深入理解课文,促进学生主动探究、敏于发现,激活学生的思维。"小疑则小进,大疑则大进。"常有疑点,常有问题,才能常有思考,常有创新。亚里士多德有句名言:"思维是从疑问和惊奇开始的。"在教学实践中,我们不难发现,越是敢于质疑的学生,其主体作用越能得到充分的发挥,头脑中常会迸发出创新的火花。

然而,传统的语文课堂教学质疑的主动权一般掌握在教师手中,教师是课堂的主宰,也是质疑解难活动的指挥者和操纵者。教师一般采用"师问生答"的僵化模式,教师只管问,学生只管答,思维局限于狭小的空间里。有些教师在课堂上频频发问,每问必带上"对不对"、"是不是",学生则高呼应答"对"、"是"或"不对"、"不是"。另一些教师虽说根据课文设计了一连串不同的问题让学生解决,但也跳不出旧的模式。再则,由于思维定势的影响,学生往往对书上或带权威性的说法总想如何领会它,记住它,不敢另作新解推翻原说。正因为如此,语文教师就更应该充分利用语文课的优势,在教学中热情鼓励学生用审视的眼光大胆质疑,敢于批判,不盲从,不迷信,善于发现,勇于探索。这是培养学生创新能力的重要环节,培养他们的怀疑和探索精神,激发他们在前人成果的基础上作出新的创新。所以,这就要求教师在教学活动中由单纯的问题提出者转变为学生提出问题的发动者,放手让学生在课堂中大胆质疑。

最近听了不少小学语文教师上的阅读课,发现有些教师为了启发学生的思维,又不至于偏离教学目标,总是先给出几个现成的问题,让学生带着问题去读书思考。这种做法对实施目标有一定的好处,但对培养学生创新思维和质疑能力具有一定的局限性。新课标要求"激发学生学习兴趣和创新精神","引导学生掌握语文学习的方法","倡导学生自主、合作、探究学习"。教师是学生学习的引领者、组织者、指导者,学生才是学习的主体,在教师的指导下让他们自主地发现问题、提出问题并解决问题,这是我们教学的出发点。

小学生天生就有一双智慧的眼睛,对世界充满好奇,总爱"打破沙锅问到底"。教学时,教师应充分利用学生好问的特点,根据学生的心理特点、认知水平和规律,引导学生掌握质疑的方法。教学过程中要启发学生独立思考,提出问题。

鼓励学生质疑问难,培养学生敢于质疑问难的勇气和善于质疑问难的能力,是培养学生创新意识的重要手段与途径之一。那么,在教学中如何培养学生质疑能力呢? 我想作为教师应从以下几个方面入手:

(一)创设宽松的氛围,营造质疑的环境

我们的学生很少有对所学的内容向老师质疑的。

难道他们真没有疑问吗? 我想肯定不是,茫茫书海,知识无穷,怎会无疑可问呢? 究其原因不外乎是:成绩差的甚至一般的同学不知问什么,成绩好的对语文理解能力较强的学生可能认为已经学会没啥可问,还有的根本不敢问。在大力提倡素质教育的今天,如此不能质疑,何谈促使其更好的发展呢? 中国历来讲究师道尊严,教师享有绝对的权威,学生即使有"疑",可能也被吓到九霄云外去了。而"学起于思",不断发现问题、提出问题是学生思维活跃的表现,也是学生勤于动脑、勤于思考的表现。

(二)扩大质疑的空间,培养质疑的兴趣

"知之者不如好之者,好之者不如乐之者。"

教学中我们发现,学生在符合他们身心特点和发展水平的探究活动中,常常兴趣盎然,动机强烈,情绪高涨,接受知识和综合运用知识的效率也特别高。当然,要上好一节语文课,要使课堂始终处在一种研究性学习的氛围之中,单靠一两个提问是不够的,它需要教师站在高处,从整节课整篇课文来谋划,设计出一组有计划、有步骤的系统化的提问,这样的提问才有一定的思维深度,才能激发学生探究的欲望。不仅可以在课堂上质疑,课外也可以质疑,不仅可以对老师质疑,学生家长亲朋好友都可成为质疑的对象,不仅可以对语文所学内容质疑,而且可以对相关知识、相关学科质疑。

(三)指导质疑的方法,提高质疑的能力

教学方法是教师的"工具",学习方法是学生的"工具",只有这两种"工具"结合起来,才能发挥整体作用。

对学生来讲,学习方法作为"工具",内化为学生的认知结构系统,才会形成学习能力。学生在质疑时,往往不知如何质疑,这就需要教师加强对学生质疑的指导,让学生学会质疑,形成能力。具体做法如下:

1. 循循诱导,点拨促思

要想提出问题,提出好问题,就要要求学生读课文。老师要在点拨时留有空间,促进学生在读中质疑,大胆提出问题。

2. 反复精读,悟出道理

教师在提出阅读能力的训练要求后,让学生反复精读课文,不断地对获取的语言信息进行加工处理,从中悟出某个道理,并通过说或写表现出来。

3. 想象训练,提高能力

长期以来的语文教学在思维能力训练方面,注重了写实实在在的人和事而忽视了培养学生联想和想象的能力,因此在语文教学中还应把想象力与发散思维相结合。

4. 疏导释疑,求异创新

创新精神是指人们从事创造性活动的愿望与态度,它决定人们愿不愿意创新、敢不敢创新的欲望与倾向性,是创新能力品质的基础和动力。

第三节　师生互动要以文本学习为依托

师生互动是课堂教学的一个重要环节，是提高课堂教学效率和加深学生理解的重要手段。所谓互动教学，就是把教育活动看作是师生共同进行的生命与生命的交往和沟通，把教学过程看作是一个教与学交互影响和交互活动的过程。在这个过程中，通过优化教学互动、生生互动、学习个体与教学中介的互动，强化人与环境的交互影响，以产生教学共振，达到提高教学效果的目的。

一、准确把握时机

为了建立有效的师生互动，教师要转换自身角色。在教学过程中，始终体现学生的主体地位，充分发挥学生在学习过程中的积极性和主动性。教师要成为师生良好互动环境的创造者，交流机会的提供者，积极互动的组织者，以及学生发展的支持者、帮助者、指导者和促进者。因为教师对学生的作用和影响只有通过学生主体的积极参与和反应才能产生积极作用。在师生活动的课堂上，教师要及时抓好机会，把学生的各种情况了然于胸，教学设计就会有创新，教学效果才能事半功倍。下面是一名老师在暑假结束后二年级第一节课的教学故事。

快乐的语文学习开始了

告别了两个月的讲台，分别了两个月的孩子们，又来到了一起，我的生活开始变得忙碌而快乐。一切改变都因为有了这些可爱的孩子。

走近他们，笑声就时刻伴随；走近他们，童真的话语时时萦绕在耳边。

这次开学，进行了一节课的习惯教育和安全常识教育后，我们的新课从《秋游》开始。吸取往年的经验，孩子们经过长假以后，心理上暂时还处于比较浮躁的状态，一下进入归类识字，势必造成他们的厌倦和应付情绪，所以我们直接进入课文学习，带着他们进入秋天的美好季节,感受着秋天蓝蓝的天空,白色的云朵,丰收的田野和秋游中快乐的学生们。他们在快乐中朗读,在快乐中思考,在快乐中认知,真好。

初学"一望无边"这个词,我们先把这个词放在课文的语境中理解,孩子们知道了这是表示很大、很宽广的意思。根据生活实际再说一说这样的句子,他们能够说出:"海洋是一望无际的","田野是一望无际的","星空是一望无际的","沙漠是一望无际的","大地是一望无际的",还有孩子补充了"宇宙是一望无际的"。真好,明显感到经过一个暑假的课外阅读,他们的知识面扩大了,阅读的神奇功效在课堂上彰显了。

课文里的"几朵白云有时像一群绵羊,有时像几只白兔",巩固了上学期的"比喻句"的知识。再强调一下,使用比喻句的本体与喻体之间必须有相同的特点,像白云和绵羊、白兔之间,他们的颜色和形状都是差不多的。让孩子们发挥想象,说说你心里和眼里的白云像什么?孩子们的小眼溜溜地转,有的开始凝神思考,有的开始抓耳挠腮。

很快有孩子举手要求回答。"天上的白云像棉花糖。""天上的白云像白鹅。""天上的白云像大雪糕。""天上的白云像奶油蛋糕。""天上的白云像棉花。""天上的白云像温暖的大床。""天上的白云像白雪。"呵呵,真是奇思妙想,我的孩子们,你们的进步让老师深感欣喜。

上课的两天,也许是很久没有见面了,他们特别听话,让我对他们的喜爱欲罢不能。呵呵,幸福的感觉因为你们而不断溢出。

在这个教学故事中,师生建立了平等的关系,消除了老师高高在上的"尊严",教师在学生心目中不仅成了可敬的人,而且更是一个可亲的人。教学活动成为师生的双边活动,师生之间就要建立起信任感。教师把学生当做一个有自尊、与教师平等的人,关心和爱护的孩子,字里行间都体现出了教师对学生无私的爱,只有师爱才是创建情趣课堂最大的保证。

二、不能游离于文本

小学语文课堂教学中的师生互动是一个具有形式与内容均十分丰富的互动体系，从而为小学生提供了一个快乐的课堂氛围。实践证明，良好的师生互动，不但能够提高课堂教学效率，而且十分有利于学生知识技能的提升，还对教师自身素质的提高起到了积极的促进作用，可谓是一举多得。只要小学语文教师持之以恒地在教学中融入师生互动的教学策略，就能让课堂更加富有生机、充满活力，为小学生更好地学习语文奠定扎实的基础。但是，无论开展怎样的互动都不能游离于课堂教学内容之外，要和课堂教学内容紧密相关。一位老师教学《这儿真好》时，她和孩子们之间就展开了这样的互动：

"荒岛"变成了"欢乐岛"

与孩子们一起学习《这儿真好》，他们的热情可高了。我设计倒叙的方法进行教学，让孩子们分别作为小鸟、小猴、小象等动物来到了漫山遍野、绿叶成荫的岛上，反复感受"这儿真好！"

"孩子们，这儿为什么真好呢？"他们用不同动物的口吻说着："因为这儿绿树成荫"，"因为这儿鸟语花香"，"因为这儿空气清新"……

"是呀，这儿真好！你们看看第一自然段，以前这儿是什么样呢？小熊又是什么样？"孩子们迅速看课文内容。

"以前这儿是荒岛。""小熊孤零零的。"孩子们说。

"荒岛是什么样呢？"他们思考着，不断地汇报自己的想法："是到处光秃秃的"，"是一棵树也没有的"，"夏天很热的"……

"你们说得真好。小熊想找到朋友，它做了些什么呢？"孩子们立即朗读"小熊种呀，种呀。一年，两年……"这一句。

"孩子们，小熊一个人种树容易吗？他是怎么种的呢？""他很辛苦！""他要扛树苗。""他要浇水。""他要挖坑。""他要捉虫。"……

"是呀，小熊这样辛苦。你们读的时候应怎样呢？"孩子们再试读。这次语速放慢了,加重了"种呀,种呀"的语气,也延长了"一年,两年……"的读音。

孩子们在朗读中感受到小熊的辛苦。"孩子们,小熊辛苦值得吗? 他换来了什么?""值得。""他换来了很多朋友。"

我让孩子们再一次扮演各种小动物来到这座岛上。

"啊,这儿真好!"孩子们由衷地赞叹着。

"小动物们,你们都要在这儿住下了,我们给这座岛起个名字吧,能不能叫荒岛?""不能了。"他们抢着回答。"叫快乐岛吧!""叫开心岛。""叫幸福岛。""叫森林岛。""叫美丽岛。""叫欢乐岛。"……他们争先恐后地给小岛起着名字,我也为"欢乐岛"上孩子们的快乐而开心。

希望我的课堂永远是孩子的"欢乐岛",把孩子们带出行为习惯与知识的"荒岛"。

这节课中体现的是一种学生学习的主动性,一种积极参与学习的态度,一种探究的精神,营造的是一种师生和谐平等的探究的氛围,把学生思考问题的时间和空间还给孩子们,激励他们思想碰撞,溅发了火花。

三、有的放矢,紧扣教学重点

在建立起师生之间平等沟通平台的基础上,我们努力创建"宽松、民主、和谐"的课堂氛围,为师生进行有效互动提供保障。教师是课堂教学的组织者和帮助者,要根据学生的生活经验和已有知识背景出发,创建适合学生参与的宽松的课堂氛围,为学生充分进行互动和交流提供机会。在教学中,教师采用多种教学手段激发不同层次的学生的兴趣,使每一个学生都积极参与到课堂活动中。如教师利用多媒体课件、形象的教具、语言的激励等多种方式,为学生创建"宽松、民主、和谐"的课堂氛围,学生回答问题争先恐后,参与积极性非常高。在课堂教学的互动中,教师与学生是平等的活动参与者,他们既是信息的发送者,又是信息的接受者和加工者。教师设计教学的核心要从学生实际出发,注重学生个体的有效参与和学生个性的发展,真正确立学生的主体地位,促进学生生动、活泼、积极地投入到有效的师生互动中来。在课堂上教师积极创造"宽松、民主、和谐"的课堂氛围,不仅有利于教师与学生积极进行交流,同时也有利于学生之间的交流,自然而然,学生就把交流当成一种习惯,教育教学中的一些难题就会迎刃而解。

在低年级语文课堂的怎样形象记生字的课堂教学中,师生之间就有了下面的交流与互动:

记住"非"和"羽"

孩子们的识字量越来越大,我在课堂上要想办法帮助他们记忆,怎样记忆既牢固又不容易混淆,这可不是一件容易的事。《放小鸟》这一课学习了两个生字——"非"和"羽",结构相同,写法不同。为了他们记住,我让两名学生上台表演,其他孩子指导他们怎样做动作。

出示"羽"时,两个学生在台上先是面对面,其他学生提示:"应该是一前一后站。"他们迅速调整了位置。台下孩子又说:"应该是矮的站前面,高的站后面。因为这个字的规范书写是前面的'习'字小一些。"看来孩子们观察得真细致。

出示"非"的时候,两名同学就很快知道要背靠背组字了。大家也把他们调整了一下,也是左边的小一些,右边的大一些。我趁机总结了相同结构字的书写规律:左边的略小于或矮于右边的。

刚总结完,有个学生站起来说:"老师,这些字的两边长得一模一样,应该找聂蓬和李潜上来演。"是呀,我们班的双胞胎兄弟可是这次组字的好资源呀,我怎么没想到呢。

"好,下面请他们兄弟俩上台来组字。"

两个孩子高兴地上台,在其他孩子不断呼喊"非"、"羽"声中变化着他们站立的姿势。这次演示中我们才发现,兄弟俩本来是哥哥的聂蓬个子还没有弟弟高。我笑了:"聂蓬要加油吃呀,否则排队老排在弟弟后面了。"两个孩子都快乐地笑了。

"老师,这下我们记住这两个字了。"兄弟俩对我说。我对其他孩子说:"你们记住了吗?""记住了,这样的字就是双胞胎排队,有时背靠背,有时肩并肩,有时前后站,要想不写错,一定看清楚。""是的,你们真棒!"

记忆,在快乐的对话中进行,这样的方式以后还要继续。

在三年级语文课堂的一次教学生积累的教学中,教师利用了自己的教育智慧设计了一节师生活动的课堂教学,使学生的词语积累化难为易。

连闯三关学积累

进行《练习二》的学习时,被"读读背背"中的八个成语难住了。这些成语孩子们第一次接触,不仅读音比较拗口,意思也很难懂。这是一组描绘民族建筑和山水风光的词语:

高堂广厦 玉宇琼楼 错落有致 曲径通幽 千岩竞秀万壑争流 目不暇接 美不胜收

教学过程中,我设计了几个闯关项目和孩子们一起学习。

第一关:"我能读准"

当我把八个成语全部写在黑板上之后,我利用了"开火车"认读的方式,请孩子们认读。没想到,开始的几名同学都没有顺利通过,问题出在"曲"这个多音字的读音不准,"壑"、"琼"、"幽"、"暇"这几个字不认识,主要是昨晚布置的预习作业有些同学没有完成。发现问题后,我在教室里巡视了一圈,看到有三分之一的孩子经过了认真的预习,不但给生字注了音,而且解释了成语的意思,那么"开火车"就接着开下去,让这些预习充分的孩子帮助那些不会读的孩子。

接下去的"开火车",我打破了以往的有孩子回答不准插嘴的方式,让同学们一起认读,帮助不会的孩子纠正读音,并且请这个孩子连续再读几遍,加强训练达到牢记的效果。

全班同学念完,我看到不少孩子都进入了学习状态。为了他们的发音更准,我把几个生字的注音标注在黑板上,请孩子们跟我一起读,让他们进一步识记成语的读音。

接下去我把注音擦掉,再一次全班学生"开火车"。这次效果好多了,全班的孩子除了两个孩子把"曲"的读音发得不准确,其他孩子的发音都是准确的。

第一关成功闯过,我们进入第二关。

第二关:"我能理解"

这些成语的意思,我不想让他们利用查词典的方式来理解,又没有上下文,怎么帮助孩子们理解呢?

观察了这一组词语,又看了看课本的插图,我让孩子们利用插图闯第二关。

师:孩子们,你们看今天的插图里画的都是什么?

生1:是湖光山色,还有很多亭子和楼。

生2:图画上很美。

师:是的,今天的这些成语的意思都能够从图中找到。这些词反映的湖光山色和亭台楼阁怎么样?

孩子们在黑板上的成语中浏览了一遍,然后说:"美不胜收!"

师:是呀,这里的景色美不胜收,请你们把这些描写优美的景色的词写在对应的图画上吧。

孩子们拿起笔,认真地思考着、对照着。我巡视一圈后,看到有些孩子抓不住要点,就提示他们:"这些成语我们虽然不知道意思,但是你们可以根据成语中某一个字的意思来判断。例如'万壑争流'中有一个'流'字,说明和水有关,这样你们能够找到插图中相应的图画了。"

经过我的提醒,很多孩子恍然大悟,立刻能够根据这些成语中的个别字找到了相应的图画。

很快,孩子们举手示意他们需要汇报了。我转了一圈后发现孩子们完成得不错,便说:"我看到不少同学找得都很好,下面请你说一说,你是根据成语中的哪个字来把握意思的,好吗?"

孩子们有的说:"'高堂广厦'中我是通过'厦'字知道这是

写楼房建筑物的，所以这个成语应该来描写图中的亭台楼阁。"

有的说："'曲径通幽'中的'径'字让我知道这是写小路的，所以应该描写图中的那条通往山上的小路。"

有的说："'千岩竞秀'中的'岩'字说明这是写图中山上的各种岩石的。"

不错，利用插图让孩子们更直观地理解成语的意思，效果真不错。

第二关在孩子们积极思考与踊跃发言中度过。

下面要设计第三关了。

第三关："我会用成语"

第三关本想让孩子们在课堂上用这些成语说一句话，但是下课铃响了，那就留作课后作业吧，让孩子们写一个片段。

师：孩子们，看来今天课本上这些非常难懂的成语你们都能够初步理解了，下面请你们一起到图中这美丽的地方去游玩吧。

请孩子们打开课本。

师：假如我们班同学一起已经去了图上的景区游玩过了，请你们今天回去把你看到的风景用今天学的八个成语写出来介绍给别人好吧？

期待孩子们今天写的片段异常精彩。

以往课堂教学偏重于知识的传授，过分地强调知识的系统性，知识偏深、偏繁，不利于互动。事实上，学生的发展只有在知识的探究过程中进行，通过积极思考、主动学习才能实现知识内化。教师应牢固树立促进全体学生发展的观念，把教学目标分解成多级目标，同时确立知识、技能、情感多种类型的教学目标，让互动的对象从优生拓展到全体学生，为全体学生提供互动机会。

四、让静默的课堂充满智慧

课堂教学蕴含着巨大的生命活力，只有师生的生命活力在课堂教学中得到有效发挥，学生才能获得多方面的满足和发展，教师的劳动才会闪现出创造的光辉和人性的魅力。只有在这样的课堂上师生才会全身心投入,才会感受课堂中生命的涌动和成长,培养学生的自信心。自信心就像一个人的耐心、恒心、爱心一样,并不是与生俱来的,它同样需要唤醒与点燃、培养与锻炼、实践与坚持。在课堂上,教师应运用多种激励方式点燃与培养学生的自信心,并让它成为一个人终身受用的能力、品格、素养。

在平时自己的课堂教学中,我十分注意到关爱、激励每一个学生,不断地唤醒、培养学生的自信心。怎样才能让每一个学生都能够积极参与课堂教学活动,有丰富的情感体验,在交流中善于倾听,长于合作,不断地发表自己的观点和意见,虚心地接受批评,正视自己的错误,乐于竞争,喜欢接受挑战,思维活跃,想象力丰富,不断有创新的火花迸发,学生的个性得到充分张扬? 这些都是我一直在不断地学习和实践中思考的问题。我发现,在课堂教学中激发学生情感的参与,教师的关爱、激励、培养学生的自信心,采用一种多元互动的评价方式,是实现师生有效互动的好方法。

利用师生互动,进行三年级学生的习作启蒙课,下面的这位老师有新的尝试。

我的习作启蒙课

当我宣布今天开始上习作课的时候,我对孩子们说:"孩子们,请你记住这一天,从今天开始我们就要和作文打交道了,以后凡是需要学习语文的日子里就一定会写作文。只要作文写得好的孩子,语文成绩也一定好。更主要的是,写作可能会陪我们一辈子,和我们永远生活在一起。所以,大家一定要重视写作文,更要重视作文课。"

那天的作文课因为上午的"一节特殊的数学课",被推迟到下午。我不担心孩子们会因为上作文课而打瞌睡,因为我心里有谱——孩子们喜欢表达。

利用中午和孩子们一起练字的机会,我把课本中呈现的第一篇例文端端正正地抄写在黑板上,以便于引导孩子们学习习作的方法和习作的具体要求。

阿 姨

一天,我到商店买牙膏。刚进门,一位阿姨就笑着问:"小朋友,要点什么?"我说:"买两管'两面针'牙膏。""好,就给你拿。"不一会儿,她把两管牙膏连同找回的钱一块递到了我的手上,说:"拿好了。"接着,又去照应别的顾客去了。她对每一位顾客都那么热情,好像每个人她都认识似的。

我把这节写作启蒙课分为两个环节来进行,主要形式是让孩子们说。

第一个环节:找出"好"

这个"好"又分为两种,一种是阿姨的"好",一种是习作的"好",这两种"好"是相辅相成的,没有阿姨的好,就写不出好的习作;没有好的习作也就体现不出来阿姨的好。

我以两个"好"为引线,让孩子们认真阅读,并认真思考,然后汇报自己的思考结果与大家一起分享。五分钟的时间,孩子们陆续举手。

"我觉得这篇习作中对话部分写得好,而且对话部分的标点符号用得很准确。"有孩子说。

"这位同学用了'照应'这个词我觉得很好,以前我也遇到过这样的情况不知道用哪个词,今天学会了。"有孩子补充。

"我认为习作中对于阿姨的表情描写得好,'笑着说'呀,'热情'呀,都反映出了阿姨的好。"一个孩子接着说。

我接过话茬:"是呀,我们每一篇习作都是有目的的,这位小同学写这篇习作就是为了让我们知道这个阿姨的好,刚才这位同学已经找了习作的目的,很好,希望下面的同学能够谈得更好。"

孩子们的发言更踊跃了:"在这篇文章中我又看见了《学会查"无字词典"》那一课中的双引号里还要加单引号的用法。"

"呵呵,这位同学很细心,那么我们一起再温习一下这种双引号里如果还要用引号就用单引号的方法,相信你们下次使用的时候不会再错了,对吧?老师要顺便问问这篇习作中为什么要在'两面针'上用引号呢?"

孩子们几乎是齐答的:"因为这是它的品牌名称。"好了,孩子们已经大概知道引号的用法了,进步是不容阻挡的。

我继续引导孩子说说这篇习作的"好"和阿姨的"好"。

"我认为'好,就给你拿。'"不一会儿,她把两管牙膏连同找回的钱一块递到了我的手上,说:"'拿好了。'这一段话写得很好,这里小作者用了一连串的动词写出了阿姨做事很快,态度也好。"有孩子站起来说。

看来,孩子们不但自己习作能力在两年的写话训练中提高了,对于文章的鉴赏能力也越来越好了,真让我骄傲。

"是呀,孩子们,你们看小作者短短几句话就让一个好阿姨的形象跃然纸上,我们读了文章以后是不是感觉这个阿姨就在我们身边,我们就像看见她一样?我们以后写一个人,只要有这种感觉,让别人读了就像这个人你真的见到了一样,说明你写得非常好。看来,你们都认为这个小作者写得不错,是吧?"

孩子们说:"是。"

第二个环节:找"不足"

在孩子们大加称赞的声音中,我很神秘地说:"其实呀,这位同学的习作也有很多的'不足'呢,老师还觉得这篇习作没有你们写得好,特别是我们班的几个'习作大王',他们写得已经比这个小作者好多了。下面就请你们找一找这篇文章不如你们的地方吧,让这位小作者也向我们学习学习。"

也许我的一番话对孩子有了鼓动作用,孩子们转变了自己的思维,开始找例文中的不足。静静地,我等待着孩子们的回答。

终于有孩子自信地举起手:"这篇习作的字数太少了。"是呀,和我们班不少孩子三百多字的日记比起来,这篇文章内容显得单薄。我对这位同学轰出的"第一炮"表示赞赏,孩子们开始大胆举手。

"这篇文章没有分段,没有开头和结尾。"有孩子说。

"对呀,看来同学们都很高明,一眼就看出了文章的不足。"我鼓励这个孩子。

"这篇文章里没有用上一些好的词语,显得很'瘦'。"这是我给孩子们定义的内容饱满,用词形象生动的文章就是有血有肉的"丰满的人",反之就显得"瘦弱",这孩子在这里用上了。呵呵,看来平时对他们的教育都扎根了。

孩子们还在动脑筋思考着,用自己曾经的作品和例文对照着。给了他们两分钟消化的时间。

我对这节习作启蒙课做了总结:"孩子们,其实习作一点都不难,我们已经进行了两年的写话和写日记的训练,习作对于我们是水到渠成的事。这篇例文是编辑叔叔阿姨们认为好的文章了,而这篇好的文章还不如我们写的,所以我们要相信自己,一定会写得更好,对吧?"

下面我们一起来看看习作的要求吧!

孩子们一起朗读了课本里的"习作并不难,只要你把做过的、看见的、听到的、想到的写下来,让别人看明白就行了。"读完了,孩子们脸上露出了欢喜的笑容,因为这些要求对于我的孩子来说真不难。

"好,孩子们,习作一就要开始了,这篇作文没有具体要求写什么,我们就写今天上午的《一节特殊的数学课》,怎么样?"

"行!"他们仿佛已经胸有成竹。

"那好,下一节课我们先来说说这节课,也就是这节课中你看到的,听到的,想到的,做过的哪些,把这些说出来,然后再写出来,好吗?"

孩子们开始小声地讨论着。下节课是"说习作",他们已经迫不及待了。

师生互动作为学生语文学习的一种必不可少的方式,要真正体现它的有效性,教师不仅要在理念上重视它,更要在实践中处理好互动中形式与实质的关系,要以平等的师生观来指导与学生的交往过程,通过师生平等对话,构建起轻松和谐的语文课堂"学习共同体"。当我们引领着学生进行积极有效的互动时,当每一节课进入学生的生活时,我们的语文课堂必将成为每一个学生成长的乐土。

第四节　师生互动要以练习语言为主体

语文是什么?语文教育专家浙江师范大学王尚文教授提出,就小学而言,语文是语言文字的理解与运用。对此,我深有同感。我认为十分有必要在语文课堂上腾出一部分时间,让学生动手写一写、记一记,在有效的字、词、句训练中提高语文实践能力,真正落实课改中提出的"语文课程是工具性和人文性统一的基本特点"。

一、利用儿歌学拼音趣味无穷

汉语拼音是小学语文教学的一个重要组成部分,是帮助学生识字、阅读、学好普通话的工具。集中学习汉语拼音是相对单调、抽象和枯燥的,对于刚入学的儿童来说,在这么短的时间内掌握汉语拼音有一定困难。义务教育语文课程标准明确指出,汉语拼音教学要尽可能有趣味性,宜多采用活动和游戏的形式。六七岁的儿童,特别活泼好动,自控能力差,注意力难以持久,新教材在编排上尽量考虑了这些特点,每课都配有精美的插图,还编排了儿歌。因此,教师在教学中要充分发挥这一优势,根据不同的教学内容,采取灵活多样的教学形式与方法,进一步激发学生的学习兴趣。下面一节利用儿歌教学的课堂实录就体现了拼音教学中对于学生学习兴趣的培养。

"儿歌"拼音教学声形并茂——学习汉语拼音《ao ou iu》
(一)复习上节课学习的内容
1. 师板书:ai。
2. 请同学上台演示"ai"的读法。
3. 出示多媒体图片,请学生先看然后说。
(1)指名回答。

(2)请学生补充并说一说这个复韵母的发音方法。

(3)多媒体出示儿歌：

身穿鸭绒袄，

拍着小手笑。

游泳健儿不怕冷，

海鸥边飞边叫好。

通过朗读儿歌，老师带领孩子们一起初步接触今天要学习的新韵母"ao ou iu"。

(二)学习新内容

1. 出示"ao"的课件。老师示范朗读，并要求孩子们看老师的口型变化。

2. 出示四线格，加上声调的"āo áo ǎo ào"，指导学生正确书写。

3. 请平时回答问题不响亮的同学大声朗读儿歌：

老虎发威 āo āo āo，

饿狼觅食 áo áo áo。

身穿花袄 ǎo ǎo ǎo，

申办奥运 ào ào ào。

4. 学习"ou"，出示多媒体课件。

(1)跟老师读，看老师的口型读。

(2)读 ōu óu ǒu òu。

(3)小组比赛读，读得不准，老师反复教读。

学生读准以后，老师引导孩子们读一个"拍手歌"，就是"四声歌"，用来缓解学生听课疲劳，吸引学生注意力。

5. 学习"iu"。从 i——u 的发音，学生发音较准。

出示儿歌：

iū iū 什么是 iū? 语文写字得了优；

iú iú 什么是 iú? 鱼儿鱼儿水中游；

iǔ iǔ 什么是 iǔ? 你是我的好朋友；

iù iù 什么是 iù? 上下楼梯要靠右。

6.教学音节：

z——ao→zao

s——ao→sao

sh——ao→shao

l——ou→lou

zou zhou

j——iu→jiu

niu liu

（1）课件出示拼读方法与读音。

（2）请同学试读。

（3）学生跟老师读"niu"。

（4）出示图片：zuò yóu xì　pǎo bù　pāi pí qiú

（5）请同学们读出这些运动，并请他们做出这些动作。

（三）作业设计

把班里同学名字中藏着的"ao ou iu"找出来。

在这节课中三个复韵母教学方法各不相同，为了让学生的注意力更集中，创设了"拍手歌""小组比赛""拼音接龙"等活动，能够在一节课中让这些刚入学的一年级学生始终保持高昂的求知欲，这是老师最成功的地方。老师善于利用"儿歌教学法"，利用多媒体呈现，很恰当地为这节课做好了环节上的准备。多媒体的使用在这节课中简单明快，贯穿于整节课，不仅有利于引起儿童的注意和兴趣，而且学生在思考和运用语言描述字母的同时，进一步训练了思维，丰富了语言。

二、情趣导入学词语轻松快乐

词语教学是语文教学中最基础、最根本的内容，让学生有效地理解课文中的重点词语是一项重要的教学任务。有时候抓住课文中的一两个关键的词语，往往可以起到"牵一发而动全身"的效果。但是，审视当前的词语教学，我们的语文老师总是竭力回避或者"滑过"，或者教得一丝不苟，从字音到字形到字义进行科学准确地诠释，一些教师甚至要求学生照搬、照抄、照背参考书或字典对词语的解释,显得呆板,缺乏生命活力。那么,怎样让词语教学情趣盎然呢?

结合上下文和生活实际理解词句的意思,是课标对低年级词句理解的要求。"了解"一词非常准确地指出,低年级的词句理解是浅层次的、感性的,不必追求深入的理性分析。

在课堂上师生对话:

> 师:刚才同学们提出了"粗糙"一词不能理解,谁会读一读?
> ("开火车式"读:粗糙。)
> 师:请同学们仔细地看看图,想一想,做得很粗糙的小板凳会是什么样子的?(生看图。)
> 生1:做得不好看。
> 生2:做得不光滑。
> 生3:还有一些裂缝。
> 师:对,不光滑,不好看,用一个词语来表示,就是——
> 生:粗糙。

在《小学语文教师》2011 年第 7 期上,叶丽华老师是这样导入人教版一年级下册《柳树醒了》的:

(一)以词串的形式轻松学词

柳树　柳枝　柳絮　柳梢　春雨　春雷　春风　春燕

画一株高高的柳树,写一个大大的"柳"字,感受"柳"这个汉字的曼妙,然后让学生在书上指出或写出这是柳树的哪个位置,那么词语意思也就自然而然地理解了。"柳絮"一词,则要求教师形象地讲述:这是柳树开出的花,等柳叶完全长绿了,柳树就开出了小小的、白白的花;风一吹,它就像蒲公英花一样离开妈妈,到处飞,有时还会飞到你的脸上,给你挠痒痒呢! 这就是柳絮。

对于一个汉字,如果我们赋予它形象和质感,就能激活一大片关于这个字的形象、情感等个性化的记忆。唯有这样,字词才会活在孩子们的心灵里。否则,当学生需要表达独特的感受和思想时,就很难找到属于自己的那个字和词。

(二)预设空白激发思考,训练语言表达

《泉水》一课时"拓展练习":

泉水流到＿＿＿＿＿＿＿＿＿＿,它看见了＿＿＿＿＿＿＿＿＿。

泉水说:"＿＿＿＿＿＿＿＿＿＿＿＿＿＿。"

(教师找出田野、竹林、茶园、菜地等图片,帮助学生开拓思路。)

然后让孩子们自由说话。

师:现在谁愿意把自己的想法和大家一起分享分享?

生1:泉水流到了美丽的田野,看到了枯萎的秧苗。泉水说:"喝吧,喝吧! 我的水很甜很甜,喝了它,你就能继续生长了。"

生2:泉水流到胖胖的小猪家,看到了小猪正在洗手。泉水说:"洗吧,洗吧! 我的水很清很清,能把你的手洗得更干净。"

师:泉水一路流淌,一路欢乐地歌唱着,热情地帮助他的朋友们。这是多么快乐的泉水啊,让我们一齐来读读这四段吧!

教师利用情趣引导词语教学能否与阅读完美地结合在一起,关键是教师要有一双发现的眼睛,让学生顺着教师的思路一步步走入语文的花园,让语文学习变得美妙而富有情趣。

另外,使用现代化电教媒体,将词语所表示的意思、意境直观地再现在学生眼前,可以起到变静态为动态,化抽象为形象,便于他们准确生动的理解。如人教版小学语文第五册《秋天的雨》第二自然段的"五彩缤纷",这个词语比较抽象,但是当我们教学这一段时,可以适时出现"黄色的银杏树、红红的枫叶、金色的田野、美丽的菊花……",孩子们惊喜的目光、张大的嘴巴、啧啧的赞叹声,不正告诉我们:他们已经知道"五彩缤纷"是什么意思了。这时,你只要叫他们认真想一想:这么美的景色,这么多的颜色,如果用一个词来形容,你会用哪个词呢? 在孩子们不约而同喊

出的词里一定会有"五彩缤纷"。

词语理解可以通过多种方法、多种形式、多种手段来实现。教师在教学中应指导学生理解词语的方法,使学生掌握学习方法,逐步提高理解词语的能力。通过灵动的词语教学,让学生积累语言,培养语感,训练思维,体会文章的思想感情,提高语文教学效果。

三、评讲习作学习作其乐无穷

在师生共同评讲的习作课堂上,师生活动评价打破了教师垄断的单一评价的现状,取而代之的是由教师、同学、学生本人多种评价主体共同参与的交流活动。教师和同学在评价时都以肯定为前提,尽量发现这名学生的闪光点,激励学生习作的积极性与主动性,培养学生的写作兴趣,真正体现评价的主要目的——评价为促进学生的发展服务。

课堂上,老师要以求真、求实的作文教学观,创设宽松的习作评价环境,充分尊重学生的个性,以宽容的微笑欣赏学生独特的感受和体验。在这种思想的指导下,学生才能写真人真事,真情实感,说出自己的真话、有个性的话。

这种互动式的极具个性化的作文评价课对教师的课堂驾驭能力提出了极高的要求,对教师的应变能力、作文评价能力、语言组织能力等是一个严峻的考验。我们在实施前,需要做好充足的前期准备工作。

利用这样的方法,一名老师进行了这样的"以评促写"的习作指导课。

作文评讲课——猜猜"我"是谁

面对三年级孩子们的第二篇习作——《我的自画像》,我首先没有作任何指导,让孩子们自己看例文,然后自由写作,结果就产生了几种情况:有的孩子完全按照例文的形式和内容来写,没有创意也没有写出自己的独特性;有的孩子简直没有内容写,就如同我们一年级刚入学时的自我介绍一般简短;还有的孩子写的不是自己,是大众化的孩子。针对这些问题,我进行了思考,并认真阅读了孩子们的作文,比较后开展了我的第二次作文指导课。这节课以孩子们主评、我主导的方式进行。只有让孩子们大胆说出不足和优点，他们才可以写出好的作品。

上课伊始，我利用了班级中比较好的十一篇作品作为评价的例文。我对孩子们说："今天，老师和你们一起来做一个游戏，通过看文章猜猜文章里写的是我们班的哪个同学好吗?"

孩子们听说要做游戏自然兴趣高涨。于是，我接着出示了游戏规则："(1)读文章要仔细，抓住这个人的特点来想，猜出是谁后要说说理由;(2)小作者自己不能发出任何信号;(3)找出你觉得文章中写得好的部分和你觉得需要改进的部分。"

孩子们默默阅读了游戏规则后，表示可以接受，那么我们的游戏就开始了。

我首先出示了第一篇文章，并朗读给孩子们听。这时，有孩子提出要求："老师，你把字体放大，我们自己读，你不要读。"看来孩子们自己默读的水平已经很高了，而且他们更需要个性化的阅读，正是我希望的。我用我阅读的速度，往下拉动着屏幕上的作文，没想到孩子们都可以跟上我的节奏。

阅读的同时，我提醒孩子们："可以猜出是谁的同学请举手。"没想到两段阅读过后，没有一个同学举手。这时，我停了下来问："孩子们，为什么文章已经读了两段你们还猜不出她是谁呢?"

有孩子说："因为她写自己有多高、有多重，我们不能用尺子一个个人去量，也不可能用秤去称。"

也有的孩子说："她写自己喜欢扎两条辫子，我看看班里有十几个女生都是扎两条辫子的。"

还有的孩子说："她说自己喜欢跳绳，班里的女生好像都喜欢跳绳，所以我猜不出是哪一个。"

听完孩子们的话，我故作醒悟："哦，是呀，这个同学写出来的自己没有特点，让我们实在猜不出她是谁，对不对? 那么聪明的孩子们，你们写的作文能够让别人一下就猜出来吗? 下面我们继续往下看，看看能不能猜出她是谁? 好吗?"

我继续拖动鼠标，让孩子们一起往下看习作。当孩子们看到"我很瘦，经常感冒，妈妈和外婆总是担心我的身体"，有不少孩子开始举手。

"我知道她是谁了，是一鸣。"有孩子高兴地说了出来。

"你们同意他的意见吗？为什么？"我引导孩子们说。

"同意，因为一鸣好生病，一年级时她还住院了。"有几个孩子补充说。

"是呀，这是一鸣的特点。但是，假如要写一鸣妈妈和外婆的担心，给你们印象最深的是什么呢？你们能不能给一鸣提提建议？"我笑着对孩子们说。

"一鸣的妈妈总是在下课的时候送奶和水给她喝，生怕她渴了或饿了。"

"一鸣的妈妈总是随时来给她增减衣服，生怕她热了或冻了。"

"每次上体育课她妈妈都很紧张，要来看看她。"

看来孩子们观察得都很细致。我对一鸣说："假如你能够把同学们的建议写在你的文章里，那么他们就可以一下子就猜出你是谁了。"一鸣笑着点头，看来写出更有特色的自己应该尽在她的心中了。

接着，我出示了第二篇习作，让孩子边读边猜。

"你们看我的头多圆，我的眼睛多么小，大家都说我眼睛小，还说我一笑他们就不知道我的眼睛在哪里了。我很讨厌他们这样说，所以就警告大家：谁要再说我坏话我会和他没完。后来，就没有人说我坏话了。

"你们看我多可爱，像一个可爱的小鸡吧？

"我的爱好是玩电脑、看电视、睡觉。

"妈妈总说我瘦得像猴子，我对妈妈说：'别看我瘦，一身肌肉。'我呀，今年8岁，体重24千克，身高1.2米。我喜欢穿紫色的衣服。

"这就是我，你们记住了吗？"

刚读完第一段就有孩子举手。

我示意他们说说是谁？

"我猜是小梁，因为他眼睛很小，一笑眼睛就看不见了。"

"我猜也是小梁，因为他有点'暴力'，别人要是触犯了他，他会一直打别人。"

"我猜也是小梁，因为我上次到他家去，他就非常喜欢玩电脑。"

孩子们这次的意见非常一致。"看来，小梁的这篇文章中把自己的外貌特点写得非常准确，有特色，所以你们一下子就猜出来了，很好！那么就他这篇文章你们有什么意见要提吗？请你们来帮助小梁把这篇文章写得更好，好不好？"我鼓动着孩子们。

"我和小梁坐同桌的时候，发现他有一个特点，就是喜欢捣乱，但是把我惹生气以后，他又会赔礼道歉，直到我不生气为止。"安然说。

"小梁还非常喜欢玩球，上次上数学课，他把球踩在自己脚下，结果被老师批评了一顿。"

"小梁还非常喜欢喝奶，我们都喜欢闻他身上的奶香。"

"还有，小梁很善良，他家的小鸡死了他哭了好几天。"孩子们争先恐后地说出了自己对小梁的认识，这些为小梁写好自己做了充分的补充。

这时看看小梁，时而笑眯眯的，时而脸色深沉。我对他说："其他同学给你补充的材料都是可以帮助你更准确地认识自己，写好自己，你应该感谢大家，也相信你能够把自己写得更生动有趣。"

接着我又给孩子们出示了下一篇习作，和孩子们继续聊作文。

"在班里，我有两个是第一名，一个是画画第一名，一个是调皮捣蛋第一名。我说明一下——王缘武走了，我才是调皮捣蛋第一名，如果他还在，他才是第一名，我还轮不上。

"我爸爸经常说我瘦,胳膊腿上都是骨头,没有一块肉。你看看你哥,身上都是肉。可我说:'瘦怎么啦?好处多得是:干练,灵活,速度快而且帅。'

"我是单眼皮,身高1.30米,体重30千克。我是急性子,最喜欢玩。"

这次也是刚出示了第一段,孩子们就纷纷举手了。

"老师,这是小贺,因为他的画画是全班第一名。"

"我也觉得是小贺,因为他说除了王缘武他现在就是调皮捣蛋第一名了。"

"我觉得从急性子上来看也是小贺,因为他做事很快。"

我接过孩子们的话说:"是的,你们说得都很好,小贺写出了他最明显的两个特点,所以你们很快就能猜出来了。但是老师觉得他的这篇文章有很多地方需要补充,谁来给他提一提建议呢?"

"我觉得小贺写他画画第一,还要再写写这方面的内容。"

"我觉得小贺是很调皮,但是他写起来作业很专注,这也是他的特点,可以写一写。"

"小贺连续两年为班级清理垃圾桶,他这种很好的表现也可以写。"

"还有,小贺有的时候做事马虎,所以考试考不到一百分,也可以写的。"孩子们思维很活跃,很迅速地给小贺提出了很多建议。

"好,孩子们,虽然你们提的都是小贺的特点,但是我们写的时候不能都写,希望小贺选择自己的一两种最明显的特点来写,好吧?"小贺很仔细地听着,相信经过筛选以后,他的习作一定会大有长进的。

时间很快过去了,下课铃响了,我还有一个问题没有讲。在第二节的练笔课之前,我拿出了欣悦的文章,读给孩子们听。

"我是一个小女孩,我今年9岁了,体重23千克,身高1.3米,浓浓的眉毛,圆圆的小脸蛋,大大的眼睛,一头乌黑的长发,里面还隐藏着几根金发,听妈妈说这金发是我生下来的时候就有的。

"我最喜欢的颜色是淡紫色。我也喜欢运动,跳绳是我的最爱。

"别看我外表很文静,其实我很倔强的,就拿今天来说吧!妈妈说拼音报上有一道题目的答案是'水滴石穿',虽然我不知道正确答案是什么,但是我就觉得妈妈说得不对,我坚持我的观点,气得妈妈'头上冒火',怒气冲冲地离开了我的房间。后来,爸爸上网查了一下,结果我是正确的,妈妈红着脸对我说了声:'对不起! 我错了。'我的心里感到非常自豪。

"这就是我——一个不认输的小女孩。"

讲欣悦的这篇文章,主要是要让孩子们学会写自己的特点要选择具体的事例来加以论证。读完文章我问孩子们:"习作中的这个同学最大的特点是什么?"

"倔强!"孩子们齐声回答。

"从哪儿看出来的呢?"我问。

"因为她遇到问题时没有相信妈妈的答案,而是坚持自己的想法,妈妈生气了她还是坚持自己的想法,最后还是对的。"

"是的,这就是选择一个具体的事例来写自己的特点的,欣悦的这种写人的方法值得我们修改作文的时候学习。"

写作评讲课上,孩子们眼神闪烁,小手直举,妙语连珠。经过他们修改过的作文,一定会令人欣慰的。"让学生成为作文的主人",是新一轮课程改革的主旋律,改革作文评价方法也势在必行。只有让学生感受到作文的好,体验到成功的乐趣,他们才能真正成为作文的主人。

四、口语交际学说话妙语连珠

(一)多元互动,充分交流

"语文课程应该是开放而富有创新活力的。"所以,语文教学中要让口语交际课"动"起来。口语交际是面对面的你来我往的一种信息交流活动,交际双方既是单向流动的两端,又是双向流动的回归点,两者之间始终存在着一个互动。要让学生在交流与互动中焕发活力,通过学生与学生、学生与教师之间的多向交流,碰撞出思维火花,促进学生潜能的发挥,培养学生的语文素养,从而有效地促进他们创新思维的发展和实践能力的提升,有效地促进他们的可持续发展。

如我在上《我会拼图》一课时,一生上台介绍自己的拼图。介绍好后,正准备下去,我就马上在边上小声地说:"快,问问大家,你的拼图好吗?"生在老师的提醒下马上又加了一句:"同学们,你们觉得我拼得怎么样?"小朋友马上举起了手,纷纷发表自己对他拼图的意见和看法,整个课堂动起来了。在这里,老师的提醒和点拨,适时又适度,起到了旁敲侧击的作用,从而使学生投入到口语交际的角色中去。

再如在教学《小兔运南瓜》时,由于学生过于关注自己想的办法而忽略了听别人的内容,以致生生互动较少,我就设计了一个"你说我听"的活动。先让一部分学生说说自己想的办法,另一部分学生听。然后请听的一方汇报:"我听懂了××的办法是……"但双方交流并没有在这一层面上终止。紧接着,汇报者还要征询原说话者的意见:"请问我说得对不对?"促使原说话的一方也认真倾听,根据汇报者的表述,做出相应的对答。这样一来,学生的倾听有了目标,交际的双方不断地发出信息,听者和说者的地位又随着交流的需要不断转换,成为真正互动的口语交际。在这一过程中,口语交际能力自然得到了提升。

口语交际活动,无论是自主学习还是同班同学合作学习,都离不开对话题或相关内容的探究。也只有从不同角度开展深入的探究,才能使口语交际的质量得到提升,获得实效。

(二)有效情境,适度想象

口语交际课的实践证明,为儿童提供生活化的情境,有助于激发他们的学习动机,使其产生强烈的学习愿望。我们要主动帮助学生搭建"说"的舞台,创设有时代气息、充满生活情趣和具有想象空间的语境,让学生在多姿多彩的情境中观察表达,使口语交际课充满活力。

一位老师精心构建了话题情境，并时时处处用语言、动作、表情等维护这个情境，让孩子们沉浸其中。这节口语交际课选择的话题十分接近学生的生活，解决了学生不愿意说和不会说、说不好的心理障碍。凡听课的老师都觉得这节课的成功之处在于学生们不拘一格的表现。学生之间积极的互动交流成了这节课的亮点，而这要得力于教师能够在多个教学环节上创设多种多样的交际情境，尽量使学生的个性与创造性得到充分发展，从而实现提高学生口语交际能力的目的。这是值得学习的。

（三）目标有层次，训练有梯度

在口语交际的教学中，很多小学生在口语交际中无话可说，或者有话而不想说，想说却不敢说，敢说了又不会说。不难想象，在生活节奏日益加快的今天，一个不敢或不会口语交际的人，是很难在社会中展示自己的才华的。因此，在实际教学中，我设计了"由想说到敢说最后到会说"的梯度训练形式来提高学生的口语能力，诱导学生感悟口语交际的方法，让学生会说。

第一要把话说完整。能用一段话说一件完整的事是学生口语交际能力强的重要表现，我在教学中有意识地指导学生抓住事件的几个要素，训练学生说话，培养了学生的说话能力。如教《在家里》一课时，我先让学生看图说图意，再让学生借助拼音熟读短文，看看短文是怎样表达的，让学生知道表达这件事应有时间、谁、干什么等要素，这样才能把一件事说清楚，说完整。

第二话说得有条理。说话要先想后说，分清说的层次，要明白自己想说什么。一次让学生向大家介绍自己喜欢的小动物，我给学生列了这样一个提纲：（1）介绍小动物的名称；（2）介绍小动物的外形特征和习性；（3）介绍你喜欢小动物的原因或与小动物之间发生的故事。有了提纲，学生说话头绪就清楚了。通过这次说话练习，学生知道了说话应有条理。

第三把话说得具体生动。口语训练不是简单的说话训练，在让学生表达自己意思的同时，还应注意表达得生动、吸引人。为此，加强词语积累成为训练学生把话说生动的第一要素。比如教学《有趣的游戏》时，我先让学生回忆自己做过哪些游戏，接着重点指导学生看插图，认真细致地观察每一个小朋友做游戏时的动作、表情,结合自己做这些游戏时的情形、感觉,想想他们可能会说些什么。可以把自己当做其中的一个朋友,然后每个学生在小组内相互说其中的一个游戏,小组内的同学互相补充情节,最后再由小组推选代表把一个最有趣的游戏讲给全班同学听。老师根据学生说话的情况,指导学生把话说准确、说具体、说完整。通过这样的训练,学生都能说出内容具体、情节完整的一段话。如有的同学说:"活动课上,我和几个小朋友玩'老鹰抓小鸡'的游戏。我当老鹰,小玲当鸡妈妈,其他同学当小鸡。游戏开始了,我张开双臂,向最后的小鸡冲去,鸡妈妈连忙伸开双手把我拦住。我向左跑,小鸡就向右躲;我往右跑,小鸡又赶快向左跑,嘴里还发出尖叫声。这个游戏真有趣!"

(四)关注习惯,强调倾听

学生倾听和表达的习惯,是老师一直关注的。倾听,是口语交际中重要的一项内容。只有会听、听懂、听出问题来,才能很好地互动应对,达到交际目的。良好的倾听能力是交流双方能否在同一平台进行口语交际的前提,它既是对别人说话的尊重,也是对自己表达的引领,是一个人文明交际综合素质的反映。交际中需要专注耐心、谦虚诚恳地听别人讲话,把别人的话听清楚、听准确。

培养孩子良好的语言表达习惯、良好的倾听习惯、发言时落落大方的礼仪,是老师一直坚持贯彻的课堂原则,这也值得我们关注和积极倡导。

学会倾听。对于小学生来说,由于他们集中注意力的时间比较短,容易分心,因此可以采用言语激励的方法,调动学生的积极性。在口语交际训练的过程中,我及时表扬正在倾听的孩子,如"你听得最认真","你把别人说的话都听懂了,真了不起","你听得可真仔细",激励学生参与到倾听中来。也可抓其善听的"闪光点"进行表扬:"你把他的优点学来了,说明你很会听啊!""这么一点小小的区别都被你找出来了,你的听力可真了不起!""你听出了他的不足,可真帮了他的大忙!"让学生能够品尝到成功的喜悦,获得成功的满足感,及时表扬、及时提醒、持之以恒,才能引起学生对"听"的重视,促使学生养成"听"的习惯。

生活是精彩的,可以训练的主题无处不在。只要我们做生活的有心人,善于发现、善于寻找,学生最感兴趣的话题就在身边。找到学生说话的兴奋点,激励他们口语交际的兴趣和胆量,让他们都想说、敢说、会说,相信不久的将来,他们的口语表达能力一定可以上一个新的台阶!

第四章 灵活过渡为情趣课堂画龙点睛

第一节 悬念式过渡使课堂妙趣横生

教学过渡是存在于教学过程中的客观现象,是必不可少的中间环节。认识它的重要地位和作用,并掌握常用的过渡方法,不仅有利于对课堂教学的组织与调控,而且会大大提高阅读教学的效果,因为教学有了起承转合,才能成就生气灵动的课堂。在处理课堂过渡时,值得注意的是课堂过渡语的导引性和衔接性。因此,在使用上一定要注意得体自如,淡而无痕,在"导"与"接"上显能耐。

一、埋下求知的种子

学生高效率的学习,需要有一个良好的思维环境和心理需求。悬念过渡,就是以激发求知欲,发展学生思维为目标的过渡方法。它利用学生求知欲旺盛和好奇的心理,通过设置悬念,使学生产生对知识的关切和渴望的心情,达到与教师心理同步,从而获得良好的教学效果。著名特级教师王燕骅在教学《五彩池》这篇课文时,在学生深读课文之后,给学生一个"空白":四川省藏龙山上的五彩池十分奇异,这一点通过学习大家已经体会到了,可《五彩池》这篇课文的写法也有"奇异"之处,使孩子们感到"真新鲜"。教师留下的这一悬念,激起了学生进一步深究课文的兴趣。

在学习《我是什么》课文中,当学生读完后,老师贴出了图案,让学生跟着水娃娃打招呼,这很有趣,也是一种教学方法。后面,老师采用了变序教学法,把生字最多的自然段先教,还采用了词语教学分类法,形式多样,效果很好。所以,初读课文不仅仅是读读课文、检查一下就好了,还包含了识字、写字、情感体验、朗读等。

再例如《石榴》的朗读过渡:

师:不过,有一点必不可少,那就是小作者还有一颗装满爱的心,这爱是你们刚刚体会到的他对石榴的喜爱,更是小作者对家乡的热爱。让我们也带着一颗装满爱的心,再读一读课文的第一节吧!

再如在学习《落花生》一课时,老师边过渡,边引导学生认真读书,层层导入,轻松自然。

师:还是第一个自然段,老师想请大家再读一读,读着读着,哪个标点哪个词突然就跳进你的眼睛了。

生:跳进我眼睛里的是那个"居然"。我觉得收获应该是很平常的事情,为什么要用"居然"这个词呢?

师:收获了,他的家人事先没有想到?

生:没有想到。

师:没想到,所以用了"居然"。为什么就没有想到呢? 别着急回答,看你们能不能联系上下文找找答案。

师:看还能发现什么问题?

生:"买种,翻地,播种,浇水",它们之间为什么要用逗号,按说应该用顿号。

师:他根据以前的学习经验判断,并列词语之间是顿号,这里却用了逗号,这是为什么呢?

生:我想可能是这些事情有时间段的,所以才用了逗号。

师:你的意思是,每件事情都隔了一定的时间。那买种啊,翻地啊,这几件事本身是一下就能完成的吗?

生:不是的,也是要持续一定的时间的。

师:说得好。这么一猜就有答案了,其实标点符号的使用是根据语言表达的需要产生的。如果想要表达语气舒缓、时间较长的感觉,就用逗号。如果你们在写作文时有这样的需要,并列词语也可以用逗号,而不是顿号。恭喜大家,两关都闯过了。

从上面的几个教学片断,我们不难看出,文章有了过渡,才能成为生气灵动的整体。一堂有质量的课,也要凭借教师的过渡语,才能使教学的过程严谨、有生气,才能使学生更全面更深刻地理解课文内容。

二、激活学生探究欲

上课一开始,教师要根据教学内容有意识地设置悬念,创设一个有效的问题情境,使学生处于一种"心愤口悱"的状态,急于释疑,从而诱发学生的求知欲望,激发他们的学习兴趣,促使他们带着问题全神贯注地投入到学习中去,并把他们的思维引领到深处。可以想象,这种课堂教学效果自不待言。在学习某个知识点前,要在新旧知识的衔接处巧妙地设"疑"置"难",利用新旧知识的矛盾抵触创设悬念,让学生产生跃跃欲试的冲动,有助于学生保持一种学习的未完成感,促使学生积极思考。

例如教《找骆驼》一课,为了更能让学生明白老人是经过仔细观察才知道那只骆驼特征的,我的过渡语是这样的:"你们瞧,老人清晰地说出了骆驼的特征,却说自己不知道它往哪儿去了,这究竟是怎么回事呀?"通过这段过渡语的设置,既帮助孩子理顺了文章的脉络结构,又使孩子在脑海中对全篇文章作了一个小小的总结。

《真正的好孩子》中有一个片段,讲黄莺和喜鹊争相夸自己的孩子,乌鸦却在一旁不做声。在处理这个片段和下一个片段"小鸟回巢"衔接时,我用了这样的过渡语:"漂亮的外表,动听的歌喉,真让人羡慕不已,然而,光靠这些就能称得上是好孩子了吗?让我们接着往下看吧……"这样,非常自然地过渡到了下一片段,整堂课也随之和谐起来。

过渡语还能质疑问难,增强探究意识。探究意识来自于质疑,善于发现问题,才会去探究和解决问题,在教学中要培养学生的"好求谋解"来增强其探究意识。汉语中,有很多一字多义、一词多义的现象,如《邱少云》一课中有这样两句话:"从发起冲锋到战斗结束,才用20分钟。"这里为什么用"才"不用"共"?"烈火在他身上燃烧了半个小时才渐渐熄灭"。这一句的"才"与上一句的"才"一样吗?学生通过质疑了解到两个"才"

的意思不一样,前一句表示时间短,后一句表示时间长。战斗之所以结束得快,是因为战士们被邱少云的精神所激励。

再如《我的伯父鲁迅先生》一文有这样一段话:"你想,四周黑洞洞的,还不容易碰壁吗?哦!我恍然大悟,墙壁当然比鼻子硬得多了,怪不得您把鼻子碰扁了。在座的人哈哈大笑起来。"抓住人们大笑追问:"人们为什么笑?""鲁迅的鼻子真的是碰扁的吗?"在学生探讨不出结果时,及时给学生介绍鲁迅生活的时代背景,再讨论,学生明白,原来"四周黑洞洞"是指旧社会的黑暗,"碰壁"指的是与反动势力做斗争时受到的挫折与迫害。学生完全理解后,继续追问:"通过谈碰壁这件事,你体会到了什么?"进一步使学生了解鲁迅的革命乐观主义精神。

因此,一位语文老师如果在课堂中注意自己过渡语的艺术,不仅能帮助学生理解文章的内容,还能使孩子在课堂中领略到那种语言和谐之美。

三、善于抛砖引玉

有学者说过:"教学法一旦触及学生的情绪和意志领域,触及学生的精神需要,这种教学法就能发挥高度有效的作用。"教学中只有真正把课堂还给学生,给学生自信与信任、轻松与自由,孕育个性张扬与思维放飞的土壤,最大限度地发挥学生的潜能,使学生的学习过程成为在教师引导下的"再创造"过程,我们的课堂才能真正焕发灵性的光芒,我们的学生才能真正得到可持续地发展。一个好的问题,一个精彩而恰到好处的过渡,可以引发学生主动去思考,去学习。

例如教学《蛇与庄稼》一课,在指导学生学习时,我就向学生提出这样几个问题,(1)为什么洪水过后接连几年庄稼总得不到好收成呢?(2)老农根据什么想出了一个"奇怪"的办法?这是一个什么样"奇怪"的办法?(3)为什么把蛇放到田里庄稼就获得了好收成呢?学生由于好奇就纷纷地寻找答案。通过阅读,他们很快就知道事物之间错综复杂的联系在此被他们一览无余。单靠教师乏味的直叙,学生很难理解事物间这种深奥的内在联系的。因此,让学生带着问题自己去阅读,去理解课文,不仅使学生掌握了课文内容,也帮助他们认清了事物之间的内在联系。

通过富有吸引力的过渡语,将学生从一个波峰带到另一个波峰上去,以实现课堂教学内容的转换,把课堂整体结构安排得天衣无缝。教学《庐山云雾》一课时,是这样引导过渡的:"庐山除了有飞流直下三千尺的瀑布,还有横看成岭侧成峰的山峦,更吸引人的是它那神奇美丽的云雾。今天请大家随着作者的脚步去细细领略一番。在乘车登山的路上,首次映入眼帘的是怎样一幅'奇景'?"学生通过阅读,用生动的语言绘声绘色地把第一个波峰(山间云变成浓雾的奇景)尽情地欣赏一番之后,我又往前推进说:"浓雾瞬息万变,美景引人入胜,而牯岭的庐山雾更是神秘莫测,趣味无穷。它的神秘在哪里呢?"学生简要介绍第二个波峰之后,我又立即过渡:"此景只堪天上有,人间哪得几回见? 牯岭可真算得上是人间仙境。现在,我们站在'大天池'处,来观看庐山云雾中最壮观的一景——云海……""一路行来,我们在沿途见到了哪些奇景?"……最后:"面对这瞬息万变的庐山云雾,怪不得北宋伟大诗人苏东坡要大叹'不识庐山真面目',更难怪清代的一位学者要自称'云痴',恨不得'餐云'、'眠云'。"这一系列富有艺术情趣的设问语言,把学生从一个波峰送到另一个波峰,一堂课就在不知不觉中过去了。

鼓励独特见解,巩固探究意识。在语文教学中,通过老师精巧的过渡语使学生不轻易认同别人的观点,通过自己的独立思考、判断,敢于提出自己的独特见解,有利于巩固学生的探究意识。如《穷人》一课中,对于桑娜是否应该抱回西蒙的孩子,有位老师设计了这样的环节,把不同意见的学生分为两组进行辩论,发表自己意见,深入理解课文。再如教《狐狸与乌鸦》一课时,对狐狸有什么样的看法? 大部分学生认为狐狸很坏,有个别学生提出狐狸很聪明,善于动脑筋。对不同的看法,教师应予肯定。必须指出,狐狸确实动了脑筋,但是它是采取欺骗的手段来达到不劳而获的目的的,这是不好的。

再如《圆明园的毁灭》一课,学完后,可设计问题,引导学生讨论:"现在有人提出在圆明园的旧址上重新修建圆明园,你怎么看待这个问题?"《乌鸦喝水》一课学完后,问:你还有其他办法让乌鸦喝到水吗? 引导学生采用多种方法探究、解决问题。现代心理学研究表明,学生的学习过程与科学家的探索过程在本质上是一样的,发现问题后,就要分析问题,解决问题。采用多种方法解决问题是培养学生探究能力的核心问题。要鼓励和帮助学生自己尝试采用不同的方法,摸索适合于自己的获取新知的途径。这"新知"可以是对所有人都是新的,也可以对别人不新,而对自己却是新的。

第二节　评价式过渡增强学生学习兴趣

所谓评价,即评定价值或评价价值,是根据一定的标准对客体需要及其程度做出判断的过程。那么,评价语言则是指教师在课堂提问后对学生回答情况进行分析评价时的语言。课堂教学中的教师评价语言,是沟通师生情感、智慧、兴趣、态度的桥梁。随着新一轮课改的不断深入,一些评价新理念已走进课堂,小学语文课堂中教师的评价语言发生了质的变化,令人深受鼓舞。广大教师开始认识到:评价语言是小学语文教学评价的重要组成部分,而且是教学中最直接、最快捷、使用频率最高、对学生影响最大的一种过程性评价方式。评价的语言越来越具有人文性,更加能够激发学生的学习兴趣,调动学生思维的积极性,为学生营造积极探索、求知创造的气氛。但是,不可否认,在当今的小学语文教学实践中,仍然或多或少地存在一些评价语言的误区,值得人们去反思。

评价性的过渡语在课堂教学中是十分重要的,好的过渡性语言是融对学生的赞美与评价,对所讲内容的重点、难点及小结于一体的,也是教师引导学生向更高处攀爬的阶梯。苏霍姆林斯基指出:"教师的语言修养在很大程度上决定着课堂上学生的脑力劳动效率。"一堂课的成功与否决定于我们对过渡语的精心设计。有魅力的课堂语言,是滋润学生心灵的甘泉,是教师引导学生走进文本的金钥匙。

一、评价语言多样化

我们该怎样评价才能使学生的随文练笔在交流反馈中得以提升呢?于永正老师执教《杨氏之子》时,在教学末尾安排了"故事新编"的想象练笔,他对学生练笔的评价堪称我们学习的范例。

现场回放:《杨氏之子》片段

生:(读)有一天,父亲的朋友孔君平来到他家。孔先生扣响了红漆大门的门环,杨家的男佣前来开门。

师:红漆大门? 改成黑漆大门成不成? 红漆大门那是皇宫啊! (生笑。)①

生:(读)扣响了黑漆大门的门环。男佣前来开门,听说孔先生是来拜访杨老爷的,就说:"孔先生啊,实在对不起,老爷他出门未归,不过杨公子倒是在家。"

师:很好! 语气多自然啊! 写得多通顺啊,描写得多生动啊! 往下听!②

生:(读)您好几年没见他了,他都九岁了。

师:改成好久不见吧! 不要那么长的时间。③

生:(读)您好久都没见到他了,他现在九岁了,长得眉清目秀的,要不您见见他吧!

师:"要不",是和人家商量一下,父亲不在见儿子也行啊! 他写得多得体呀!④

生:(读)"好吧!"孔先生答应了,男佣忙叫出杨修。只见,杨修浓眉大眼,文质彬彬,孔先生心里可高兴了,忙走进客厅和孩子说话。杨修端出一个果盘放在桌上说:"孔叔叔好! 您尝尝这果子吧! 挺新鲜的!"孔先生看了看,盘中有西瓜、樱桃,还有几颗大杨梅,鲜鲜亮亮,看起来很好吃。

师:这个樱桃——一定是晚熟的吧!⑤

(生笑)写得好不好?!⑥

生(齐笑):好!

师:(于老师拿过作文本端详着)写得很精彩! 字也写得好,字如其人,很清秀,很美观,于老师都有些爱不释手,但还是要还给人家!⑦

原本我们认为的理性枯燥的评价环节,在于老师的课堂上却笑声四起,其乐融融,而且真正实现了"评价的目的是为了有效地促进学生的发展"的目标,叫人折服! 细细阅读,这片段中的许多地方值得我们借鉴：

（1）多元评价。评价指向各有不同，评价语②、③、④关注学生的语言表达是否恰当得体（这是评价练笔质量的重点），评价语①、⑤、⑥关注的是学生写的内容，评价语⑦关注学生的书写是否工整美观，评价内容非常全面，在这样充满浓浓"语文味"的评价下，学生的语文能力定会不断进步。

（2）互动参与。虽然只有"写得好不好"、"改成黑漆大门成不成"这两个细小的引导，但我们可以感受到于老师的亲切平和、商量询问的口吻，使学生主动地参与到评价中来，学会去自我评价和相互评价。

（3）肯定亮点。于老师善于发现学生练笔中的每一个闪光点，并及时给予肯定表扬。"语气多自然啊！写得多通顺啊，描写得多生动啊"，"他写得多得体呀"，"写得很精彩！字也写得很好，字如其人，很清秀，很美观，于老师都有些爱不释手"，这些激励性的评语，使学生体验到练笔成功的快乐与满足。

于老师的课几乎每一节都如行云流水，天衣无缝，其中有一个重要原因，就是他有高超的"架桥搭梯"艺术，即善于精心设计和运用课堂过渡语。

二、评价行为要真诚

"感人心者，莫先乎情。"教育心理学也指出，情感是追求真理的动力，是智力发展的重要因素。同样一句话，可以说得平淡如水，让人感到勉强应付之嫌，也可以说得激情满怀，让人感到你发自内心的赞赏。课堂上，老师饱含浓郁情感的语言，往往会对学生产生极强的感染力，给孩子春风化雨般的感动。

《识字7》教学实录

师：今天，老师给大家带来了两位动物朋友，它们是谁呢？想认识它们吗？

生:想。

1.猜第一个谜语,随机学习生字"孔雀"

师:咱们先来猜一猜:花冠头上戴,锦袍披身上,尾巴像扇子,展开很漂亮。

生猜:孔雀。(课件展示"孔雀图",引导学生看图。)

师:你觉得孔雀漂亮吗?(漂亮)哪儿漂亮?

生:尾巴。

师:这么美的孔雀,我们来叫叫它吧。

生:齐读"孔雀"。

(1)借机学习生字"孔"

师:你能给"孔"找找朋友吗?

生:鼻孔,毛孔,小孔。

(2)引导学习生字"雀"

师:看老师板书"雀",你有什么办法记住"雀"吗?

生:上面的是"小"去掉勾,下面是"谁"去掉言字旁。

师:刚才,我们用同一种办法记住了它,一起来念念。

生齐读。

2.猜第二个谜语,学习生字"雁"

师:我们再来认识一个新朋友:栖息沼泽和田头,随着季节南北走,队列排成人字形,纪律自觉能遵守。

生猜:大雁。

师:你是怎么知道的?

生:它会随着季节南北走。

生:他也能排成人字形的队伍。

师:排成队伍的就叫雁群。(课件展示雁群图)引导学生看老师板书:"雁"。

在本课的教学中,因为孩子们喜欢动物,愿意和动物交朋友,喜欢听故事、猜谜语,喜欢新奇、有趣、神秘的事物,老师正是考虑了孩子的这一心理特点,课的开头以介绍两位动物朋友以及用猜谜语的方式,引领孩子进入了一个让他们感到有趣、好奇的氛围里。在这样的情境中,孩子们看到美丽的孔雀,高兴地和孔雀打招呼。在这一声声亲切的招呼声中,课堂教学演变成了活生生的生活场景,小朋友在快乐的"生活"中读准了"孔雀"的读音,认读了生字"孔"、"雀"、"雁"并了解"孔雀"、"大雁"的有关特点。在这样的课堂氛围里,学生必然会产生一种不可遏止的学习热情。

富有激情的语言来自于教师内心深处对学生真正的尊重和赏识,来自于教师真挚的师生情谊和对学生的拳拳爱心。发自内心地赏识与鼓励学生,不仅会提高学生的学习兴趣,而且有利于培养学生学会欣赏他人、相信自己、积极向上的品格,充分体现语文教学的人文性。

三、过渡性评价要宽容

情感是人们对客观事物在心理上及态度上产生的反应,积极的情感能够使语文课堂充满人文魅力。儿童的世界是情绪化的世界,外在的刺激直接影响儿童的情感。一个优秀的教师应该把握学生的年龄特征,在学生回答问题时,给予适时、适度的表扬以及鼓励和赞许的语言,让学生获得一种愉悦的心情,产生积极的情感体验,最大限度地调动学生语文学习的积极性。教师的评价语言必须是发自内心的,对学生的赞美一定要真诚而亲切。只有发自肺腑的表扬才能触动学生的心灵,增强他们学习的动力。因此,在实际的小学语文教学中,教师应该努力寻求学生回答问题的闪光之处,用饱含热情的话语,真诚的语言去评价学生,这样不但能够提高学生的学习兴趣,还有助于培养他们积极向上、自信的人格,使其更加具有朝气和活力。

过渡语设计得巧妙,再加上教师生动的表述,将会给课堂增加美感,学生对所学的知识印象更深,教师的教学特色得到充分展现,而且还让学生在美的熏陶中获取知识,课堂的教学效率也会得到进一步的提高。除此之外,有些过渡语还可以让学生温故而知新,如果在教学过程中创设复述式或总结式的过渡语,就相当于和学生把前面所讲的知识点再重温一遍,这就加深了旧知识在学生脑海中的印象,巩固了学过的知识。而且在复习旧知识的过程中,学生可能还会产生新的疑问和启发,在得到解决和肯定之后就会获得新的知识。

然而,在现实当中,我们不难发现,很多教师在上课的时候没有使用过渡语,教学的内容和各个环节总是条条框框突兀地出现在学生的面前。有些教师虽然也用了过渡语,但是过渡语却起不到很大的作用,有的苍白无力,有的虚实浮华……这些问题,究其原因,主要有以下几点:

首先,教师的认识不全面。很多教师认为:课堂是学生学习科学知识的重要场所,应时刻抓住教学重点知识向学生传授,所有的教学语言应紧密联系教材的内容,而不是添加其他无关的知识来分散学生的注意。教学过渡语一般涉及的知识与教学重点无关,所占的课堂时间不多,起的作用也不大,因此,过渡语那一小小的环节就没必要去刻意设计。就这样,教师的过渡语意识就慢慢地淡去。

其次,教师缺少精心准备。教师在潜意识里知道课堂上过渡语是必要的,但是没有花工夫去思考怎么进行设计,课前没什么准备,想说什么就说什么,心里压根就没有形成"过渡语"的概念,有时说得入题,有时就跑题了,没有注意前后内容的衔接,让学生不明白下一步学习的目标,课堂显得凌乱,缺乏整体感,影响课堂效率。有的教师过渡语贫乏,语言表现力不强,没什么可说,过渡语苍白,很多教师都会说"接下来……接下来"等之类的话语,课堂平淡无奇,而且还卡壳,这样就阻碍了学生的发展,特别不利于学生语言表达能力的提升。

再者,教师不科学地运用过渡语。教师意识到了课堂过渡的重要性,也花工夫去考虑如何设计,但是却近乎滥用,不能把过渡语的预设性与生成性相结合。他们课前精心准备了过渡语,不管课堂有如何的变化,都按备课时所准备的,滔滔不绝,犹如背诵一般,从而导致学生不明白所涉及内容的意思。这样的过渡语既浪费了课堂时间,又达不到预期的效果。有的教师在创设过渡语时过于矫情,上课时激情澎湃,学生却无动于衷。这样的过渡语脱离了学生实际,过渡语的创设也就失去了其价值。

学生是学习的主体,他们的独特体验是一种珍贵的教育资源。教师必须首先尊重学生的独特体验,特别是当学生的价值取向与教材、与教师的理解有偏颇时,如果我们能用宽容的眼光去理解孩子,去保护孩子稚嫩纯真的心,那我们的评价语言才会宽容、亲切、真诚,才会让学生感受到老师对他的尊重与赏识,从而增强他们继续超越自我的信心。

面对学生错误的理解,有一位教师这样说:"我佩服你! 你有己见、有思想、有个性! 我不同意你的意见,但我佩服你敢于发表意见的勇气。"老师的话赢得了学生们经久不息的掌声。教师只要关注学生,对学生多点理解与宽容,多点支持与鼓励,就能把课堂评价变成学生生命中"一次次难忘的经历","一个个永恒的瞬间"。

第三节 启发式过渡唤醒学生智慧

一、创设问题难易适度

在课堂教学中,往往存在这样的现象:有的学生认为老师的问题过于简单,提不起兴趣,而有的学生觉得问题过于深奥,不知该从何答起。正如心理学家维果茨基所说:"如果问题创设全在知识范围内,只是大脑皮层的简单探索,就引不起学生的兴趣,如果提出的问题要求过高,大脑皮层模糊一片,就不会有明显的兴趣点,引不起大脑在多种形式、多种层次上的交错综合,只有把问题设在'最近发展区'内,才能引起最大的兴奋点。"所以,在设计问题情景时,应把问题创设在学生的最近发展区内,难易适度,即学生凭借知识与能力,达到每一问都能使学生"跳一跳,摘到桃"。同时,教室内不应有"被遗忘的角落",提问要面向全体学生,要调动每个学生思考问题的积极性。如何创设有效的问题,充分激发学生学习语文的兴趣是一个永恒的话题。

爱因斯坦说"兴趣是最好的老师",孔子也曾说过"知之者不如好之者,好之者不如乐之者"。历史上任何一个学有成就者都与他的某方面兴趣爱好分不开的。兴趣能使人集中注意力,能促使人思考和解决问题。教师设计的提问是否有情趣、有吸引力,是否使学生在生疑、解疑中获取知识,发展智能,是否能够体会积极思维的欢乐,是问题创设优劣的标准。根据小学生的年龄特点,他们的注意力难以维持长久,因此激发他们的学习兴趣就显得尤为重要。在上三年级上册《争吵》一课时,笔者首先提出一个问题:在你们平时与同学的相处中,都有过争吵的事情吗? 结果怎样? 孩子们一下子来了劲,纷纷说了自己与同学之间发生过的一些争吵事情。这个问题来源于孩子们日常生活中,也是孩子们热切关注的问题。创设这个问题作为这堂课的导入,一下子就把孩子们的目光聚焦到这堂课上,为这堂课起了一个良好的开端。

备好课是上好课的前提,只有吃透教材才能备好课。把握重点即抓住教材最基本、最重要的部分。我觉得真正的吃透教材应在研读教材的基础上不拘泥于教材,在把握教材精神的基础上运用教材,用教材教,而不是教教材。吃透了教材,在教学中才能很好地达成"三维目标",在处理课堂生成的问题时才会做到合理。所谓"关键点",是语文教材中起决定性作用的基本字、词、句、段落。只有抓住关键点,才能在教学中突出重点,突破难点,收到事半功倍的效果。如《妈妈的账单》一课,对于三年级的学生,这两份账单的内容浅显易懂,但要深刻理解妈妈这份账单的涵义却有一定的难度。笔者创设了以下问题:"如果妈妈给儿子的账单上不是写零芬尼,你觉得会是多少芬尼呢?"这个问题的引入,深深地触动了孩子们幼小的心灵,让孩子们陷入了沉思,同时也激发了他们积极思考、大胆探索、共同探究的兴趣。孩子们展开了激烈的讨论,不久,孩子们纷纷举起了小手各自发表了观点,"无法计算呀!""太多了!""无价的!""是个未知数!"……从他们兴奋的脸上,可以看到孩子们真正理解了妈妈这本账单的深刻内涵,从而体会到了母爱的无私与无价!

二、营造和谐课堂氛围

小学低年级的语文课堂上,是学生积累生字和词语的主要阶段,他们在表达上相对于高年级的学生来说过于简单化,面对这样的回答,教师想要做到多样化确实需要动一番脑筋。如何不重复使用一句表扬语,如何发现孩子回答问题时的特别可取之处,在什么情况下使用口头表扬?什么情况下使用书面评价?什么时候使用肢体语言的肯定?譬如:眼神的肯定、期待、鼓励,一个微笑,一个点头,一个抚摸,身体的靠近,握手,掌声的鼓励等,这些形式各样的肢体语言都是一种对学生的评价。教师千万不要忽视这些小小的动作或表情,其实,这些给予孩子的力量是强大的!因此,做一个有心有情的语文老师,你的课堂就会心心相印!

课堂,是教师和学生教学相长的一个平台,如何在这个平台上使我们师生双方的收益都达到最大化,是我们每一位教师所企盼的。每一位教师都有自己的教学思想,有自己的教学风格,每一个学生都是一个学习的独立体,因此,没有固定的有效课堂教学模式。只要你在你的岗位上再多一份爱心,多一点细心,多一点热情,多一点执著,多一点钻研,多一点付出,多一点反思,相信你的课堂一定会比现在的课堂更精彩,更充满教学智慧!而我们的教育也就会在不断的付出中,不断的反思中,滚滚向前!

利用语言材料之间的内部外部联系,通过联想、类比,进行知识迁移,以起到紧密衔接作用。特级教师贺诚在教学《再见了,亲人》一课时,安排了这样一段过渡语:"是啊,这是一份份以生命和鲜血为代价的情意。如果你是被大娘从敌机下救出的伤员,如果你是被小金花妈妈用生命换来的老王,如果你是吃过大嫂亲手挖来野菜的志愿军战士,那么在这离别的时刻,还会怎样对这些朝鲜亲人们说?"由此引读四、五节。教师运用移情体验,深化题意。

三、鼓励全体学生参与

评价学生万不可求全责备,有时需要适度模糊,并且时时记着:每位学生身上都有闪光点,要在评价中能够使每个孩子的闪光点亮起来。不过我们也不能视批评为如越雷池、如履薄冰。当课堂上两位争论激烈的学生期望你明辨是非时,你所给予的含糊肯定(如你们说得都很有道理,你们都很了不起)只会使学生摸不着头脑,不知道自己的观点到底是对还是错,这种不分是非、不置可否的赏识,只会对学生正确理解知识造成失误。当学生做错题或做错事时,教师也不能因为怕伤害其自尊而说出"你做得很有价值。"这样的做法只会促成学生养成不良习惯。因此,我认为,鼓励孩子固然是培养孩子自信的好方式,但我们提倡表扬、赏识的同时,要注意分寸,虚假的表扬要不得,廉价的赏识更不可取,因此,我们不能让"廉价表扬"成为孩子健康人格塑造中的"温柔杀手"。面对学生的失误或不足,有不少教师常常有意无意地采取了批评、训斥、轻视等有失冷静的不正确做法,对学生造成了不同程度的伤害。新课程改革"更加关注学生的发展,关注学生是否爱学习,是否积极参与,是否能与同伴合作等与学生身心发展和终身发展密切相关的因素的评价。"新课改"非常关注学生的个体差异,既关注学生的特长,又关注学生的困难领域",主张采取面向全体学生、促进学生全面发展的不同的评价方法。这就要求我们在学生的发展和成长中,正确看待学生的失误和不足,即使有错误,也是个美丽的错误,不应该大动肝火,应该允许学生犯错,让学生在犯错中汲取教训,在犯错中学会不犯错,在犯错中长大,才会真正促进学生全面健康的发展。实践已证明,对学生的自信心、自尊心和个性的挫伤,不利于学生的发展,甚至会影响到他们终身的发展。

第四节 衔接式过渡让课堂和谐灵动

一、"过渡"教学让知识点环环相扣

在语文教材中,各个内容之间或多或少都存在着一定的内部联系。这些联系必定是比较抽象的,以小学生思维发展来看,他们未必能很好理解。如果教师创设与之相对应的过渡语,便化抽象的内部联系为形象化、简单化,有机地把两部分内容结合起来,使教学内容犹如被一条线连起来,紧密联系不脱节。

下面我们一起欣赏著名特级教师薛法根老师《雪儿》的教学实录,体会一下他的过渡性语言串联整节课的技巧。

《雪儿》课堂教学实录

师:每个人都有一个名字。我的名字叫"薛法根"(书写在黑板上)。念念老师的名字,有什么感觉?

生:感到很拗口。

生:好像很生硬。

生:不太好听。

……

师:看起来,大家都不太喜欢我的名字。但我却感到很自豪,因为这个名字寄寓了我父母对我的殷切期望。请问,你叫什么名字?

生:刘诗颖。

师:一个悦耳的名字。

生:金阳。

师:多么响亮的名字!

生:晏阳天。

师:"艳阳天"?充满诗意的名字! 你的生活天天都是"艳阳天"!

……

师:其实,每个名字都饱含着父母、亲人对你们殷切的期望、美好的祝福、无限的关爱。再来念念这个名字,你又有什么样的感受?(板书:雪儿)

生:很美。

生:很好听。

生:像雪白雪白的雪花一样。

师:能使人产生丰富的联想。

生:这个名字很温柔。

师:(惊喜地)感觉真好!

生:谁会这么白呀?

师:你呀!(众大笑。)

生:像一个女孩子的名字。

师:这是一只鸟的名字(众笑),是"我"为一只信鸽取的名字。"雪儿"是在我什么样的情况下来到了我的身边、进入了我的生活?请你打开书,认真读读课文的第一自然段。

生自由地大声朗读课文。

师:同学们读得非常专心! 谁愿意回答刚才的问题?

生:雪儿是在我的腿跌伤的情况下来到我的身边的。

师:这一点大家都能看出来。能看到别人没有看到的地方吗?

生:雪儿是在我一个人在家,十分孤独的情况下来到我的身边的。

118

生:雪儿是在我非常寂寞的情况下来到我的生活里的。

生:雪儿是在我向往到外面去却又不能去的情况下来到我的身边的。

师:这真是无奈!

生:雪儿是在我感到有点无聊的情况下来到我身边的。

师:没事可做,无聊至极!

生:雪儿是在我忧伤的情况下来到我的身边的。

师:的确有那么一点点儿忧伤。

师:在文中,作者并没有写自己内心的这些感受,而是通过哪些词、哪些句子表达出来的?

生:作者是通过"只剩下我一个人"、"我多么向往外面那明媚的春光啊"这些内容表达自己的心情的。

师:一个"只剩下",一个"多么向往",用得多么贴切、传情啊! 我们一起来读一读,把这种心情表达出来。

生读得都很有感情。

师:在与我相依相伴的日子里,我是怎样对待雪儿的? 请你往下读课文,读一读,想一想,划一划。

生认真阅读课文。

师:谁愿意和大家交流?

生:我给雪儿洗澡,在它的伤口上敷药。

师:那是给雪儿疗伤。(板书:疗伤。)

生:我是这样对待雪儿的:在雪儿受伤的时候,我给它疗伤。

师:同学们有没有听出来,他这次的回答与刚才有什么不同?

生:用上了"疗伤"。

生:加了"在……的时候",我是怎样对待雪儿的。

师:这样说,就更加具体、明白了。谁还能这样概括下面的内容?

生:在雪儿变得雪白雪白的时候,我给它取名字。(板书:取名。)

生:在我知道雪儿是"蓝天信使"的时候,我更盼望它的伤快点儿好起来。(板书:盼望。)

生板书欢呼。

生:在雪儿又飞回阳台,舍不得离去的时候,我把雪儿轻轻捧起。

师:干什么?

生:祝福雪儿重返蓝天。(板书:祝福。)

生:在雪儿飞回蓝天的时候,我为雪儿感到高兴。

……

师:同学们概括得很准确,说明同学们已经初步读懂了课文的内容。现在,谁能将这些内容连起来,完整地概括一下?

生:我给雪儿疗伤、取名;盼望着它的伤快点儿好起来;为雪儿欢呼;祝福雪儿重返蓝天。

师:很概括,但不美!

生:在雪儿受伤的时候,我给它疗伤、取名;在知道雪儿是"蓝天信使"的时候,我更盼望着它的伤快点儿好起来;当雪儿展开双翅飞起来的时候,我为雪儿欢呼;在雪儿舍不得离去的时候,我祝福雪儿重返蓝天,为雪儿感到高兴。

师:这样概括听起来又明白又舒服!

师:有人说,一句话一颗心。我们读书,还要从那些含情脉脉的句子里读到作者的那颗跳动的心! 比如这个句子:"雪儿,这儿就是你的家,你安心养伤吧!"你联系上下文读一读,能体会到那颗心吗?

生:我感受到作者对雪儿的爱心,把自己的家当作雪儿的家了。

生:我读出了作者有一颗同情心。

生:我感觉到作者有一颗善良的心,只有善良的人才会为一只鸽子疗伤,待它这么好。

师:你也有一颗善良的心!

生:他有一颗良心(众笑)。

师:对啊! 我们从这句话中能读到那颗善良的心,简称良心(众又笑),那才算真正的阅读。

师:还有人说一件事一片情,我们更要从"我"为雪儿所做的每一件事情中感受到"我"对雪儿的一片深情。比如这样一件事:(出示句子,学生朗读)从此,我天天和雪儿一起到阳台上去看蓝天,去看蓝天上那飘飘悠悠的白云……你会一个人去看蓝天白云吗? 会天天去看吗? 而作者却和雪儿天天去看蓝天白云,他又有什么样的独特的感受呢? 读一读,感受一下!

生自由读书品味。

生:我一个人看蓝天白云很孤单,而和雪儿一起看就不孤单了。

师:有伙伴了!

生:我的腿受了伤,雪儿的翅膀也受了伤,两个都只能去看蓝天白云了。

师:同病相怜啊!

生:我和雪儿一起去看白云,心情很愉快,不再是忧伤的。雪儿也是很愉快的。

生:我和雪儿都向往外面美好的春光。

师:同学们体会得很好! 你们再留意一下,作者不写去看蓝天、白云,而要写成"去看蓝天,去看蓝天上那飘飘悠悠的白云……"这里面又包含作者什么样的感情呢?

生:我觉得"飘飘悠悠的白云"是动的,看起来很美,很好看。

师:是变化的,飘动的!

生:这里的省略号表示还有许许多多的白云的样子,看也看不完,看也看不厌。

师:你能注意省略号中蕴涵的内容,了不起!

生:看"飘飘悠悠的白云",心情是很舒畅的、轻松的。

生:看这样的白云蓝天,就会在不知不觉中忘记了伤痛和忧愁。

生：这样"飘飘悠悠的白云"似乎带走了我们所有的烦恼，心情也和白云一样"飘飘悠悠"了！

师：真是诗一样的语言，诗人一样的心灵！是啊，正是作者和雪儿在一起时的心情是美丽的，那蓝天上飘飘悠悠的白云才显得那么美丽、舒服！是心情改变了蓝天白云，而又是谁改变了我的心情？

生：雪儿！是雪儿的到来使我的心情变得开朗、美丽了。

师：现在，我们一起再来读这段话，相信你的感受会和刚才不一样。

生有感情地朗读。

师：一句话一颗心，一件事一片情。我们就这样去读课文，就能读出课文中丰富的情感，就会发现别人读不到的东西。自己用心读读下面的几段话，看看自己有没有这样的体会？

生很投入地朗读课文。

师：选择自己感受最深的段落，读给大家听听，好吗？

生朗读课文第 3 自然段，流利但没有激情。

师：听得出来，你很努力，读得很流畅。但对"蓝天信使"的理解可能还不够，想一想：雪儿是怎样一只信鸽？

生再读课文，语气加重，很有力量。

师：(高兴地)你感受到这是一只怎样的信鸽了吗？

生：勇敢、忠诚的信鸽。

师：对这样的信鸽，"我"内心的感情呢？

生：非常喜欢的。

生：还有敬意！

生：为雪儿感到骄傲、自豪！

生：对雪儿寄予了希望，希望它能为人们传递更多的信息。

师：这样一体会，再读课文，感觉就不一样了。谁来读？

生读得很有激情。

生朗读其他自然段(略)。

师：老师想读最后一个自然段。(很有感情地朗读第六自然段)你听得出我的心情吗?

生:十分快慰!

生:快乐的,欣慰的,高兴的。

师:与雪儿在一起的时候,我是快慰的;雪儿飞走了,我不是又孤单、寂寞了吗?

生:我是为雪儿的伤好了,能重返蓝天而感到高兴。

生:我是为能养好雪儿的伤而感到欣慰。

生:我和雪儿度过了一段美好的日子,心里十分高兴。

生:我以后还能常常回忆这段和雪儿生活的美好时光,心里就不空虚了。

师:一段美好的生活,一个难忘的回忆!

生:我的伤也会和雪儿的伤一样,会很快好起来的,所以我就感到很快慰。

……

师:读到这里,我们一起回顾一下课文,雪儿的到来,使我原本寂寞、孤独、忧伤、无聊的生活发生了怎样的变化?

生:变得更加充实了。

生:变得更加有意义了。

师:即使是天天看蓝天白云这样单调的生活也有滋有味了!

生:也使我更加珍惜每天的生活。

生:即使雪儿走了,我也会自己充实自己的生活的。

师:深刻!

生:变得更加快活、不单调了!

……

师:那么,是不是每个人遇到这只受伤的信鸽都会有这么一段令人难忘的、美好的日子?

生:不会! 只有爱信鸽的人才会这样与雪儿一起生活。

生:有些人只会伤害信鸽,根本不会有那种美好的生活的。

生:善良的人才有美好的生活。

师:善待生命、珍爱生命的人,才会热爱生活,他的生活才会有意义、才会有价值、才会有真正的快乐和幸福！祝愿我们每个同学都拥有美好的生活，拥有美好的回忆！

师：当我伤好之后，漫步在明媚的春光里，望着蓝天上那飘飘悠悠的白云，我是否又会想起与雪儿相依相伴的日子？是否又会勾起我对雪儿、对那段美好日子的回忆呢？假如是你，你会对雪儿说些什么？请用你的笔，把想对雪儿说的话写下来，让春风带给雪儿，好吗？

生自由写话。

师：谁来交流？

生：雪儿：漫步在明媚的春光里，望着蓝天上那飘飘悠悠的白云，我又想起与你相依相伴的日子。记得你刚刚来到我家时，你的翅膀受了伤，浑身黑糊糊的。我从你的眼睛里看到了忧伤，看到了仇恨，看到了无奈。（师插话：你真会看，看到心底去了。三个看到了，充满深情，语句优美！）雪儿，当时我和你一样，也受了伤，我们真是同病相怜啊！有了你的陪伴，我的生活似乎变得快活了，变得充实了，变得有滋有味了。（师插话：又是一个充满感情的排比！）即使是与你天天到阳台上看蓝天白云的日子，也显得那样舒服、开心。望着那飘飘悠悠的白云，我与你常常会发呆。（师插话：发呆？建议改为"产生无限的遐想"或者"露出甜蜜的微笑"。）雪儿，现在你又在哪里为人们忠实地传递着信息？虽然看不见你，但是我会为你永远祝福的！

师：情真意切！

生：雪儿：漫步在明媚的春光里，望着蓝天上那飘飘悠悠的白云，我又想起与你相依相伴的日子。雪儿，是你改变了我的生活。我在受伤的时候，整天感到孤单、寂寞，感到无聊、忧愁。你来到了我的身边，我立刻变得忙碌起来，为你洗澡、敷药，为你取名，陪你看蓝天白云。当你伤好之后，我为你欢呼，为你祝福。我们之间结下了深厚的情意，分别的时候，谁都依依不舍。雪儿，谢谢你给了我一段美好生活，谢谢你给了我一个美好的回忆。

师：其实，雪儿也会从心底感谢你，感谢你对它的悉心照料，感谢你对它的关心爱护，感谢你给它留下的美好的生活回忆！

……

师：在与同学们相依相伴的两堂课里，你们也给了老师一段美好的生活，给老师留下了一个美好的回忆。谢谢同学们！

这种语言在课堂上能够起到承上启下、衔接组合的作用，对于增强课堂教学效果，起到不可估量的作用。过渡语是在给语文课"下调料"，过渡语是教师从一个环节到另一个环节时运用的语言，起搭桥、架桥的作用。面对不同情境，过渡语也要恰如其分。

二、过渡性学法指导，促进学生养成好习惯

由于低学段学生的认识规律是从感性认识到理性认识，所以上课开始便向学生灌输抽象的学习方法很难被小学生所接受。即使接受了，也只是机械记忆，而不是理解，更谈不上应用。因此，学法指导的第一环节应先让学生积累一定的感性认识，即通过教学中的示范性指导，让学生从教师的教学中感知学法，领悟学法。这就要求教师的示范过程必须做到两点：一是教师的教应做到线条明确，层次清楚，便于学生发现和领悟学法；二是教师的教应做到难易适度，便于学生尝试和运用学法。

要善于结合义务教育语文课程标准中的学段目标提出的课程要求，为自己的教学目标进行准确的定位，紧紧抓住文本语言，把学习的权力还给学生，尽可能多地让学生进行学习活动，使课堂真正成为学生学语习文的舞台，努力实现语文课程工具性和人文性的统一。如温州的鲍丹丹老师，结合第一学段教学目标将《我要的是葫芦》教学重点确定为识字教学和朗读积累，充分从学生的学情出发，将课文以连环画的方式呈现，融整体感知、初读反馈、学习字词于一体，学生学得兴趣盎然，真正使学生的语文学习变成了乐学、好学。杭州汪玥老师执教《穷人》一课时也是如此，根据义务教育语文课程标准第三学段目标，把本课的教学目标主要定位于"概括课文主要内容"、"读懂心理活动描写"、"尝试心理活动描写"，旨在关注课文内容的同时，关注语言的表达形式。从划出描写桑娜心理活

动的句子,聚焦到"忐忑不安",通过该重点段的学习,分层辐射课文内容,凭借反诘、比较等教学手法,让学生读懂心理活动,引导学生尝试心理描写,体会作家描写人物的方法,巧设问题,引导学生阅读。

低年级孩子的年龄特点及他们的好奇心,决定了他们具有乐于探索新鲜事物的特点。在学生阅读《雪孩子》的时候,我想我该如何引导学生去读书,去思考,真正地走进书中。情急之下,我围绕文章设置了两个题目:(1)雪孩子第一次帮助的是谁,他是怎样帮助的?(2)雪孩子一共帮了几个人?问题一出,学生阅读的劲头好像更高了,个个捧着书入神地阅读。他们心里都憋着一股劲呢!孩子们之所以会积极地投入学习,是以兴趣为前提。让学生主动积极地去读书,去预习,去寻找问题的答案,再辅助提一些读书的具体要求,孩子们每次自己读书找到问题的答案时,都会兴奋不已,这种自我激励的效用是无限的。在获得成功发现的同时,孩子们往往又会发现新的问题,同时培养了他们的探索与创新精神。

三、精心设计过渡,构建艺术性课堂教学

教学案例告诉我们,课堂教学是一件千变万化的"艺术品",它要求教师善于觉察上课进程中发生的独特而细微的变化,并运用教育机制随时调控教学,使课堂教学顺利有效进行。小学语文课本中展示五彩缤纷的美丽世界的文章和诗歌甚多,为把这些课上得生动有趣,我更多的是让学生感受、欣赏绚丽的画面,把抽象的语言文字变成形象的图画。这个过程就是一个对阅读内容回顾、加工的过程。

如我在教学《秋天的图画》一课时,设计了"画一画"这个环节,让学生拿起画笔画出阅读后的感受,变被动为主动,收到了较好的教学效果。我先让学生自读课文,然后提问:"你能用画笔来表现对秋天的感受吗?"孩子们异口同声地说:"能!"于是,我让他们拿起手中的画笔,描绘美丽的秋天。顿时,孩子们学习的欲望和热情空前高涨。他们用五颜六色的画笔勾画出了无与伦比的美妙世界:挂着金黄灯笼的梨树,露出红红脸颊的苹果,仿佛是跳动的音符;一眼望不到边的稻田,好像被太阳镀上了金

色;跟大海一样蓝的天空,大雁在他的怀抱中飞向温暖;还有那遍地火红的高粱……有的学生还在画面下面用一两句话写出了自己的感悟:秋天真美啊,我爱秋天。秋天真是一个丰收的季节……对这些作品,我及时给予表扬,夸奖学生书读得仔细,画画得好。孩子们也为自己的作品兴奋不已,教室里一片欢腾。在这宽松愉悦的课堂气氛中,孩子们对课文内容的理解就变成自己的主动学习、体验了。

　　激发学生学习兴趣的艺术,让学生的知识在快乐中增长,兴趣是最好的老师,因为它能吸引学生的注意力,使学生乐学、善学。正如斯卡特舍说:"教学效果基本取决于学生对学习活动的态度。"

　　边画边学,重点巧学。著名特级教师于永正在教《月光曲》一文时,边播放贝多芬的《月光曲》边在黑板上画出慢慢升起的月亮,轻纱似的微云,月光下波涛汹涌的大海。从黑板上老师的画中,从那激情奔涌的琴声中,学生明白了贝多芬《月光曲》的含义,更进一步理解了人民音乐家的话语:"我的音乐只应为劳动穷苦人造福,如果我做到了这一点,该多么幸福!"

　　图文结合,对比乐学。在学习《特殊的葬礼》一文时,我让学生在熟读课文的基础上再看课件,将雄伟的塞特凯达斯瀑布展现在学生面前,让学生说出它"气势磅礴、雄伟壮观"的感受;再出示塞特凯达斯瀑布即将枯竭的画面,使学生理解"奄奄一息"、"生命垂危"两幅画面,使学生深刻认识到环保的重要性,受到深刻的教育。

　　巧妙板书,长文趣学。低年级学生注意力集中时间短暂,我牢牢抓住学生读熟课文后的十几分钟,引导学生理解课文的内容。《笋芽》是一篇长课文,在学生读通后,我采用和学生一块儿讲故事的方法,边讲边画出句意。师先画一条横线为大地,再画线下的笋芽萌动;在春雨、雷公公的呼唤下,笋芽终于钻出地面,看到了美丽的世界:阳光、小鸟、白云……一个故事一幅图画。从学生的热烈发言中,从他们闪亮的眼神中,我看到了他们学习的快乐。

　　交换角色,课文活学。在学习《葡萄沟》一文时,学生在老师的带领下初步掌握了课文内容,了解那里盛产葡萄。怎样才能表达这里的葡萄多而美,将课文中的语言转换为自己的语言呢? 老师让学生戴上维吾尔族人的小花帽,扮作维吾尔族老乡向游客介绍这里的葡萄。学生兴趣盎然,他们说:"欢迎你们来我们新疆吐鲁番作客。大家坐在葡萄架下,一定很高兴吧! 请大家抬头看,这葡萄有白的、绿的、紫的、暗红的、淡绿的,五光十色,美丽极了。请大家品尝,一定要吃个够呦!"说着便做出摘葡萄的动作,学生们学懂了课文,是在浓浓的兴趣之中,是在老师巧妙地引导之下学成的。可见兴趣教学的魅力。

课堂教学过渡性设计既是教学方法,又是一种语言艺术,作为一名教师应注意研究这类语言和活动的特点及作用,逐步达到会用、善用、巧用的程度。老师如果能在长期的教学实践中自觉地积累、锤炼教学过渡语,通过合理、巧妙地运用课堂过渡语去开启学生的思维,将会切实提高课堂的教学效率。

第五章 有效生成为情趣课堂增光添彩

第一节 精心预设才有趣味生成

一、有备而来才能游刃有余

贾志敏老师认为:备课,是老师走进文本的第一步。老师要读通课文,拿到课文之后,我总是先要读上几遍,读准每个字音,读通每个句子。凡是要求学生做到的,老师必须做得更好。率先垂范,学高为师。

课标是一个学段的目标和要求,单元训练是对一个单元、一篇文章的目标和要求,是对课标阶段目标的分解。单元训练的目标要求,往往就是一篇课文的训练点。即使课标要求弄清楚了,单元目标不清楚,也照样吃不透教材。吃透单元目标的同时,再看看教参。教参,只是参考,不要完全当做教学的要求。要学会分析、比较,要有自己独特的见解。所以,针对内容,设置一个合理的、能一步一步向目标逼近的阶梯才是有效的。

读课文,不但要读通,还要读熟,做到烂熟于心。这样做的好处是走进文本,把握课文的脉络,掌握课文的重点,体会作者的思想感情。有时候,一个巧妙的教学主意,往往就产生于对文本的熟悉。教师还要读懂课文。阅读教学,就是教师、学生、文本三者之间的对话。文本是教学的材料与载体。对文本中的各个元素的理解可以有所不同,然而,凡属主流的、本质的、重要的东西必须准确,毫不含糊。要根据学生实际情况,对教材进行再加工,创造性地设计教学过程。备课中,必须遵循学生从感性到理性的认识规律,研究学生的心理、个性、学习兴趣、学习习惯、知识能力水平、生活阅历、文化背景、已有的经验等,明确学生应该学什么,能学会什么,该解决什么,能解决什么,该培养什么,能培养什么,该形成什么能力,能形成什么能力,做到心中有学生,目中有学生,急学生所急,想学生所想。因此,在备课时,教师要设计出精彩的问题,引导学生深入思考。充分发挥教材中的"导语"和"思考·练习",将问题依序展开,让学生找到提示学习和探究的线索,激发学生求解问题的好奇心,由一点引领学生更多的发现,引导学生获得不同的成功。因此,教师在备课中,要设计学生主动参与、深层次参与的环节,为学生提供广阔的思考空间。

要善于激发学生学习的兴趣。要想使学生真正成为认识和实践的主体,提高他们的创新能力,必须以激发学生兴趣为始终。由于学生年龄小,注意力、控制力差,兴趣的激发显得更为重要。教师应充分运用启发式的提问,直观的教具演示,富有感染力的教学语言,以及灵活多样的教学方法和组织形式,或就课文讲个小故事,做个小游戏,来个小表演,这些都不亚于播撒"兴奋剂",会使疲乏的学生又振奋起来,进入主动求知状态。在完成以上环节后,才动手写教案。写教案只是备课的最后一个环节——把钻研教材等方面的所思所得,把教学的目的要求、重点难点、教学过程和方法以及搜集到的有关教学的信息记录下来,教案是"备忘录"——供课前翻阅,以便把课上好。

由于知识的发展、教育对象的变化、教学效益要求的提高,我们要意识到有效备课的重要性。

二、洞察学情才能因势而导

教学是预设与生成、封闭与开放的矛盾统一体。"生成"是新课程倡导的一个重要的教学理念。在新课程中,我们应鼓励师生互动中的即兴创造,以超越预设的目标和程序。每一节语文课都应该是不可重复的激情和智慧相伴生成的过程,都应该是让学生尽情绽放自己思维感受的过程,而不应是完成预设的一成不变的僵化的程序。

我们的学生是具有主观能动性的人,他们作为一种活生生的力量,带着自己的兴趣、知识、经验、思考、灵感参与课堂活动,成为课堂教学主体部分,从而使课堂教学呈现出丰富性、多变性和复杂性。因此,教师要有强烈的资源意识,去努力开发、积极利用、善于抓住课堂上的每一个契机,为课堂生成制造空间,随时处理课堂生成的信息,给学生搭建一个个展示个性的舞台,同时还要防止学生在生成中迷失,让学生的笔管汩汩流淌出个性化的思想和语言,使其率真的思想与张扬的个性跃然纸上,让他们的灵性在快乐的想象和谈话中自由飞扬。

下面是一位老师善于抓住一切机会培养低年级学生说话的案例:

抓住一切机会让孩子们大胆说话

今天是 4 月 1 日,早晨来校,同事信手把一朵不起眼的小黄花插在了我的衣服最上面的一个扣眼里,我受宠若惊。她说:"别高兴太早了,今天拿到这朵花的人就是傻瓜。""呵呵,傻瓜就傻瓜吧,我认了! 至少有人给我在这个特殊的节日里送花,你送的是'愚意',我接受的是温馨,还是要谢谢你。"索性把花儿带着到教室里,看看孩子们的反应吧?

刚站到讲台,林骏就喊了起来:"老师,你今天衣服上插的这朵小花真好看。""是吗?"我快乐地问,"那你们能不能用自己的话描述一下这朵小花呢?"我抓住机会让孩子们大胆说话。

"我觉得老师插的这朵小花就像一个金黄色的小太阳。"有孩子这样说。

"我觉得这朵花像黄色的小绒球。"

"我觉得这朵花像一朵缩小的向日葵。"

"我觉得这是一个用金子做的胸章。"听了有孩子这样说,其他孩子都很认同。

"是的,我也觉得这是一枚金子做的奖章,送给老师的奖章。"孩子们说到这,我想引导一下让他们说说对我的评价。"假如给你们授予老师奖章的权利,你想送给老师一枚什么样的奖章呢?"我问。

孩子们纷纷举起了小手,脸上洋溢起骄傲的神情,他们一定觉得自己特别了不起吧,可以给老师授予奖章。

"我要给老师授最辛苦奖。"静元说。我问"为什么呢?""因为老师很辛苦,白天教导我们,晚上还要为我们写博客。""呵呵,是吗? 看来你经常看我的博客呀?"我继续问她。"是的,我们全家都觉得您很辛苦。"

我决定让孩子们完整地说一句话:"下面说话的同学必须明确说出,你为什么要授予老师这样的奖章,好吗?"

"我要授予老师一枚快乐奖,因为老师每次看到我们进步了就会特别高兴。"

"我要授予老师一枚幸福奖,因为老师每天给我们上课都是很幸福的。"有男孩子急着说。

一鸣急得站了起来:"老师,我要授予你优秀教师奖,因为我看到你很早就是优秀教师了。"我说:"谢谢你,老师是希望你给老师授奖呢? 你能不能给老师授予优秀教师奖呢?"她腼腆地笑了:"当然啦!"

呵呵,看来孩子们对咱的崇拜日渐增强了!

我换了一个话题:"假如现在你们手里有三枚奖章,金、银、铜三种,让你们分别送给老师、同学和自己,你准备怎么送呢?"基本上所有的孩子都选择把金奖送给我,把银奖送给同学,把铜奖留给自己。

"孩子们,你们领会了孔融让梨的精神,也学会了谦虚。但是,你们也可以选择把金奖送给自己,因为你已经做得很棒了,或者你虽然现在表现得不是最好,但是你是最努力的,这样也是最棒的呀。"我说出了不同的看法,希望孩子们能够在以后的生活中不仅学会认可别人,更要学会悦纳自己。

一朵小花,在愚人节给我带来了别样的感受,感谢送花给我的同事,更要感谢每天带给我幸福的孩子们!

由此可见,一个充满生命活力的课堂,需要教师在围绕课程目标精心预设的基础上,依循学生认知的曲线、思维的张弛以及情感的波澜,以灵动的教学方法捕捉课堂生成的契机,随时处理课堂生成的信息,即时调整教学进程,并防止学生在生成中迷失,让我们的教育不仅关注文本,更关注每一个学生,关注每一个学生的心灵!

在一次老师外出回来的第一节课上,老师也使用了同样的方法抓住机会,让学生大胆表达,然后引导孩子学习写话,让孩子们有话可说,有话可写。

像一阵春风扑面而来

出门开会两天,早晨来到学校,孩子们迎着我叫着:"老师回来了,老师回来了!"他们奔走相告,我在他们的快乐中享受着被期待、被惦记的幸福。

匆匆地拿了书本向教室走去,看到走廊上干干净净,心里的喜悦感油然而生。走进教室,教室的地面也是干净的,桌子整整齐齐,心里的喜悦继续升级。脸上的笑容自然难以隐藏了,孩子们的眼神中闪露出惊喜与快乐。忽然有孩子喊起来:"老师今天好漂亮呀!"前几天新买了一件花格衣服今天穿来了。多数孩子都很喜欢,有表达喜爱的欲望,那就让他们说说吧。

"可爱的孩子们,老师这次外出回来,心情很愉快,因为你们长大了。老师不在的时候,你们能够继续保持教室内外的干净与整洁,真好!谢谢你们!刚才我从你们的眼神中看出来,你们都有话要对我说,是吗?"

"是的!是的!"孩子们的话语已经蹦到了嗓子眼。

"好,开始吧!"

"老师,你今天好像变了一个人。"缘武说。"请你说具体一些,怎么变的?有什么样的变化?"

他思考了片刻说:"老师变得漂亮了。"接着低下了头,估计他需要其他同学的引导。看到好多同学急不可耐了,我走到子阳面前:"你说说吧!"

子阳大声说:"老师,您从外面走进来,就像春风扑面而来,给我们带来了温暖和花香。"我难以掩饰的快乐:"谢谢你,你说得老师心花怒放啦!"孩子们可真了不起呀!

"老师,您今天穿的衣服五彩缤纷的,就像春天的花儿争奇斗艳。"文静说。呵呵,我的一件衣服居然成了孩子们眼里的一片花园,欣喜!

"老师,你不在的时候,我们感觉无依无靠,就像我们五十个孩子坐在一条船上漂行在大海上,而船长却不在。您回来了,船长回来了,我们心里踏实了。"李潜说。瞧,我的宝贝们,想象力多么丰富呀!我真感动了!

"老师,您这次不在,班级纪律同样好,特别是小贺不再讲话了,全班同学都很遵守纪律,维护我们班的集体形象。"文秀不愧为孩子们拥护的班长,她能够站在班级的角度看问题。

"老师,您回来我们又能学到知识,有了在学校里的妈妈。"

……

我的宝贝们,老师真太幸福了!

"今天中午,请你们送给老师最棒的礼物,把今天想写给老师的话写成日记送给我吧!"

"好!"

今天,孩子们的日记一定会很精彩!

实践证明,课堂训练与课外事物的观察、思维相结合是一种十分有效的教学方法。学生的好奇心驱使他们敢于观察周围的人和事,但在许多情况下思维能力不强,教师要抓住学生这个特点,引导他们去积极地思考所观察到的事物,引导他们对同一事物用不同的方法去观察,从不同的角度去思考,用不同的语言去表达,并将所想的说出来。学生们通过对思维的表达,锻炼了自己的表达能力,也大大提高了自己说话和写话的能力。

三、关注生活才能有效生成

夸美纽斯说过:"一切语文从实践去学习比用规则学习来得容易。"所以,在教学中,我经常选择学生身边的话题,让学生讲述,由于贴近生活,容易激发学生的兴趣,也使学生有话可说,同时也利于互相交流。但是学生愿说敢说不等于会说,有组织地指导学生在实践中会说话写话,更是一个低年级语文老师必须做的。可以随时寻找机会让学生讲一段话、一个故事、一件有趣的事或者是自己所见所闻,利用早读课老师确定一个主题让学生上台大胆地"说",从而提高学生"说"的能力。一位老师就抓住了大课间的一件突发的事件,指导学生说话写话,收效良好。

生活处处有情趣:"日月同辉"

周三的大课间,站在后排的几个男生忽然一齐向天上张望,还一边小声地讨论着。我走过去,试图阻止他们的行为,因为课间操要开始了。"老师,您看,太阳和月亮同时出现在天上。"我抬头看看天空,果然一碧如洗的天空中,太阳和月亮遥相对望。这在大人眼里看似平常的现象,对孩子们来说却是一个惊奇的发现。我立即要求所有的孩子:"孩子们,现在你们朝天上看,看看现在的天空是什么颜色的? 太阳和月亮都是什么样的? 天空给你的感觉是怎样的?"孩子们一齐抬起头看着空中,一边指手画脚,一边小声地讨论着。虽然今天的大课间纪律可能会给领导印象不好,我还是让孩子们大胆地讨论思考着,大课间天天有,这样"日月同辉"的现象可不常见。此刻他们的第一感受应该是最可贵的,没有家长的指点,也没有老师的润色,他们想到的说到的,都是"纯天然纯儿童化的",我最喜欢这样的语言。

自从家长反映最近有的孩子开始惧怕写话,把写话当成了一种负担,我立即进行了反思。每天尽量创设情境,让孩子们有第一手的体验,然后简单指导,再布置晚上的写话。以后写话,不按时间写,有内容就写,没内容就不写,避免孩子们对写话产生抵触心理。我的动机是让每个孩子都喜爱写话,直至有一天,他们每天都有不写难受的感觉。今天,这是一个大好的机会,通过他们亲自观察,讨论,我在课间进行了简单的指导,晚上的写话应该不成问题了。

果然,在这篇写话里,我又看到了孩子们童真的语句。他们的思维和大人的确不一样,虽然没有用科学的方法准确解释这样的现象,但是他们的想法更传神,更让人喜爱。

"我看到一望无边的天空中,金色的太阳和银白的月亮同时挂在天边。我想他们一定是好朋友,今天终于见面了吧。"

"月亮姐姐速度太慢了,还没有离开天空,太阳公公就赶来了。你看,太阳公公用他金色的光辉照耀着月亮姐姐,仿佛催她快点走呢。"

"太阳哥哥和月亮姐姐是一对好朋友,昨晚他俩玩得很快乐,天亮了还舍不得分开呢?"

"这对调皮的朋友,就喜欢打架,现在正在对视,准备决一死战,拼个你死我活呢。"

"太阳哥哥和月亮公主今天终于见面了,他们俩马上就要结婚了。"

透过孩子们可爱可笑的语言,感受到他们纯真的心灵。每天与这群天真可爱的孩子在一起,快乐时刻伴随我的左右,真好! 因为有你们,老师感到满足与快乐。

学生对这些生活中观察到的新问题兴趣很浓,他们不仅能积极完成写话练习,还能在课堂上有条理地说成一大段话,同学之间也有了相互学习的机会,长期坚持效果很好。实践使我体会到,只要是学生熟悉的话题,他们就乐于说、愿意说,还能说得连贯、完整。采用多种方法,通过多种形式激发学生的说话兴趣,是培养学生创新思维的有效途径。只要教师引导有方,学生配合默契,就一定会打下一个良好的写话基础。

四、沉着应对生成教育智慧

课堂教学是一个动态生成的过程,生成的信息往往是课堂教学中灵光一现的可贵教学资源。泰然地迎接生成,加以艺术地推进,常常会给我们的课堂教学带来意想不到的精彩。特级教师于永正在安徽执教《惊弓之鸟》一课时,巧妙地把学生迟到结合到课文的教学中,让我们看到了大师级人物应对课堂生成的独特魅力。

于永正执教《惊弓之鸟》片断

于永正老师正在执教《惊弓之鸟》第二课,讲到"孤单失群"

这个词语时,学生的理解遇到了困难,于老师引导学生联系上下文来解决问题,这时一个男生突然推门而入。面对突如其来的情景,于老师放下手中的课本,走到他跟前,摸了摸他的头,笑眯眯地问道:"你怎么迟到了? 刚才到什么地方去了?"

生:我刚才在楼梯口坐着休息,没有听到上课铃声。

师:你当时什么心情?

生:我发现周围没有人了,想到可能上课了,所以赶紧跑了过来。

师:当你发现此时只剩下自己的时候,你有什么感受呢?

生:既孤单又害怕,还有些紧张。

师:这种感受能用课文中的一个词语来形容吗?

生:孤单失群。

师:很好。你一个人,离开同伴能不孤单、紧张吗? 当然,这紧张还有怕迟到挨批评的成分,对不对? 请你读课文中描写受伤的大雁"孤单失群"的句子,然后演一演受伤的大雁在空中飞行,好吗?

迟到的学生边读课文边演示,创造性的表演赢得同学们热烈的掌声。

于老师再次摸着他的头:"这是你起初的感受,只有艺术家才能表演得这样好。虽然你一时失群,迟到了,但你帮助大家理解了'孤单失群',你也是功臣哪!"

一个偶然的事件,在我们看来是对课堂教学秩序的破坏,在于老师手中却成了教育的资源。语文教育专家唐晓芳指出,上语文课要记住大环节,把准"出彩点",关注"生成点"。在公开课上,我们常常一味地注意教学环节的流程、时间的把握、精彩的串联词,希望学生的发言正好符合自己的预设,而没有把注意力集中在倾听和观察学生,结果常常是与精彩"擦肩而过"。如果我们能正确对待生成,把握生成中的有利因素,机智地加以开发利用,也许就成了精彩课堂的闪光点。

可见,精彩细节源于对生成的敏锐把握,源于对学生的用心倾听。精彩的课堂生成是教师教学机智、经验积累的深化,是教学艺术的流畅展现。对课堂中生成的现象,教师要有专业化的敏锐嗅觉和艺术化的创造能力。一个积极的、有效的生成,加上教师艺术地再创造,就是一个闪烁着教育智慧的精彩细节。

第二节 扎实训练方显高效生成

一、情趣学词,快乐横生

语文教学必须注重培养学生的能力,强调知识与能力的转化。而知识要转化成能力,必须要有语言训练环节的介入和支持。正确认识语言训练,遵循教学原则,在课堂中设计好最优化最合理的语言训练,提高语文综合素养,是使学生牢固掌握知识进而转化为能力的一种重要手段。正确认识语言训练,在课堂中设计好最优化最合理的语言训练,利用学生的有意注意,帮助学生思考问题、发展语言、砥砺思想、提高语文综合素养,是使学生牢固掌握知识进而转化为能力的一种重要手段。一位二年级老师在语文课堂上随时捕捉学生对于词语的独特感知,培养学生学习词语的兴趣,以最贴近学生生活的方式帮助学生理解词语并使用词语,下面一起来看看这个教学故事。

情趣学词:"热泪"和"眼泪"的区别

早读课上,我照例和孩子们一起以各种形式进行朗读。目前我们朗读的形式,最不喜欢的方式就是齐读,最喜欢的方式就是和孩子们接龙读。这种方式对孩子们读新接触的文章作用非常大,因为他们初读课文时感情基调和语态语速都很难掌握,这样读可以最大限度地防止孩子们"唱读"。

每次接龙读,我们总是以句与句的接龙或是段与段的接龙为主,这样既能够很快让孩子们了解句子和段落的区别,也利于我们的配合。一直坚持这样的早读是孩子们学会了大胆表达的基础。

今天早读，我们一起合作朗读的是上午要学的《孔繁森》，学习这一课如果不能够在读中花点工夫，孩子们学习起来会索然无味。

当我读到"藏族同胞听到这件事以后，都感动得流下了热泪"时，细心的孩子直接给我提出了意见："老师，你把'热泪'读错了，读成了'眼泪'了。"是吗？刚才真是没有注意呀！呵呵，先承认错误再说："对不起，老师刚才有一点失误，以后改正。"说到这，我忽然想起了一个问题："老师刚才读错了，你们知道这两个词有什么区别吗？有没有区别？"问题一出来，孩子们开始苦思冥想。

稍等片刻，给他们一点时间考虑，给他们一点时间比较。看着他们思考的神情，感觉也挺好。这时有孩子举手了："老师，他们有区别，一个是'热'和'泪'组成的词；一个是'眼'和'泪'组成的词。"这样的回答没有错，但是，显然不是我想要的结果。我进一步引导："想想看，我们平时在说话或写话中在什么情况下会用上这两个词？"片刻的沉默之后。

有四个孩子举起了手，我叫了志烽。他说："老师，我觉得他们有区别，'热泪'是在人激动的时候才会流的；而'眼泪'是在人伤心的时候流的。"呵呵，回答得简单明了，先赞一个！

他的回答博得了大部分孩子的认可，他们或很遗憾地说："我也是这么想的，被他抢答了。"或是若有所思，仿佛有了新的发现。

真好，有时我们也许用很多语言无法解释的意思，让孩子们利用他们的思维和语言来诠释，又简单又明白，以后要经常运用这种方法哟。

呵呵，跟孩子们学到知识了，最大的收获！

在另一次突发事件中，这位老师也是利用了师生共同对话讨论的方式帮助学生理解、掌握词语的。

情趣学词:"心怦怦地跳"

早晨到校,我及时到教室和孩子们一起进行经典诵读。早读课的铃声响起,数学老师给我送来了刚泡好茶的茶杯,茶叶在水里慢慢泡开,浓浓的温情尽在其中。我快乐地迎了上去,接过茶杯,很幸福地说:"我太激动了,心怦怦地跳。"数学老师见我正在上课,没有说话,笑笑走了。

林骏忽然说:"老师,你刚才用的词真好呀。""是吗? 哪个词呀?"我惊奇地问。

孩子们马上雀跃了:"是呀,就是'心怦怦地跳'呀。"真没想到,我不经意的一句话,给孩子们的震撼这么大,那就让他们也学会用这个词吧。放下正在学习的文章,我把刚才的话题继续下去。

"孩子们,你们觉得这个词好,那么你们能不能说一说在什么情况下可以用这个词呢?"小手如林。

"我知道,在感动的时候可以用,就像刚才数学老师给你送茶让你感动了。"有人说。

"在我得到礼物的时候可以用。上次我过生日的时候,妈妈给我送了礼物我很激动,心怦怦地跳。"飒飒说。

李潜也高高地举起了手:"老师,在每次发试卷的时候,我的心都会怦怦地跳,害怕考不好。"我接过话:"那是因为紧张,所以心怦怦地跳,是吧?"

"老师,我还知道,在受到惊吓的时候心会怦怦地跳。"文秀一贯是很自信的。

"是呀,刚才你们说得都很好。还有在什么时候,你们会心怦怦地跳呢?"他们好像有点堵了。

我慢慢地走到了他们之间,轻声地说:"有一天晚上,爸爸妈妈都不在家,你一个人在家里写作业,忽然电停了。"孩子们正听得入神,几乎是都吓了一跳。

"害怕呀! 心跳呀!"他们大声说了起来。

"是呀,这时你们的心不但怦怦地跳,还会狂跳是吧? 不要紧,电来了。呵呵!"

　　可爱的孩子们从我的故事中走了出来。

　　我们继续上课,那个"心怦怦地跳"他们一定从此就记住了。

　　我们阅读的语言文本,其中蕴涵着作者的体验,学生借助语言文本对作者的体验进行还原,以作者的言语体验唤醒自己的言语体验,以自己的言语体验诠释作者的言语体验。这种互动就是体验阅读的对话状态。在课堂教学中,应该让学生更多地直接接触语文材料,在大量的语文实践中掌握运用语文的规律。引导学生将目光聚焦到作者如何将自己的生活体验语言化上面,那么学生和作者之间就会形成一种言语体验的交流。

二、注重低年级语言训练

　　小学语文教学的目的之一,是培养和提高学生理解和运用祖国语言的能力。在低年级语文教学中应注重语言训练。

(一)在拼音教学中渗入语言训练

　　根据低年级儿童听觉灵敏、记忆力强的特点,从学生入学开始,就要有意识地对他们进行词句训练。在汉语拼音教学阶段,要充分发挥新教材的优势,利用教材中的每一幅彩图,对学生进行语言训练。如教学韵母"o"时,彩图上画着一只公鸡"喔喔叫",我就让学生说说:"公鸡在干什么",然后让学生听记:"早晨,公鸡喔喔叫,叫人们早起。"教单韵母"ü"时,彩图上画着一条鲤鱼在水中吐泡泡,就让学生先说说:"鲤鱼在干什么",然后让学生听记:"小鲤鱼一边游一边顽皮地吐泡泡。"教学整体认读音节"yun"时,彩图上画着蓝天白云,提示"蓝天上飘着什么",学生很快说出:"蓝天上飘着朵朵白云。"这样,通过由浅入深、从简到难的说话练习,学生不仅学会了拼音,还积累了词语和句子,语言训练的目标得到了落实。

(二)在语言环境中识字

　　识字是儿童掌握书面语言的基础。对学生的语言训练要从小抓紧,让学生一入学就在丰富的语言环境中学习语言。如教"丢"时,我问学生:"你用什么办法记住这个字。"一个学生说:"去字加撇就是丢。"另一个学生说:"撇加去字就是丢。"还有一个学生说:"撇下加去就是丢。"这三个学生利用自己的理解和语言分析"丢"字的字形都是对的。实践证明,在识字教学中,坚持在语言环境中识字,以发展学生的语言为中心切实抓好说话训练,培养口头表达能力,这样,当他们升入中年级接触命题作文时,就不显得脱节和难以"攀陡坡"了。

(三)课文教学中加强语言训练

学生学习语言文字,必须有语言行为的实践过程。在阅读教学过程中,强化语言训练要注意如下几个方面的问题。

1.改变讲读分析的方法

传统的教学一般是逐句分析,逐段讲解,这样不利于语言的培养。我觉得,课文教学时,一般不要进行逐句分析,逐段讲解。对课文中遣词造句、布局谋篇的技巧方法不要强调理性的认识,而应该强调感性的积累。对课文中字里行间包含的比较深奥的内在意义,一般不要做过多的分析,要改变讲读分析的方法,压缩分析讲解的时间。

2.熟读中悟其情

课文中的语言都是最规范的语言,让学生多读课文中的语言,对丰富儿童内部语言以及对儿童内部语言的规范化都是很有好处的。通过读,学生能获得对课文的直接感受,达到对文章的情和境的整体把握。因此,要十分重视组织学生进行各种形式的诵读,学生在读中思考、理解、品赏,从而使情操得到陶冶,语感得以增强,语言也得到积累。

3.精心设计提问,促进语言和思维的发展

精心设计课堂提问,让学生带着问题去阅读思考,是开拓学生思想、丰富学生思维、发展学生语言的有效手段。因此,如果向学生提些有趣味性、富于想象力的问题,就能发挥每个学生的聪明才智。

4.利用课文,说写结合

低年级学生思维活跃,具有很强的模仿力。我在教学中充分发挥小学生的这一特点,联系实际,引导学生说话和写话练习,既加深了学生对课文的理解，又培养了学生的观察思维能力和语言表达能力。

语文教学要将对学生进行严格的语言训练作为首要任务来完成，只有这样，才真正抓住了语文教学的本质，掌握了语文教学的规律。

三、在作文课训练语言

聆听了著名特级教师薛法根老师上的作文课《其实，我不想……》，佩服至极！这堂课的教学流程是这样的：(1)围绕"其实，我不想……"说一句心里话。(2)给学生提供两篇例文。(3)限时作文20分钟。(4)当堂点评学生习作。如此简约的教学，效果却是出奇的好，归根结底，全归功于薛老师独特的教学设计。

这堂课的每个教学环节都是可圈可点的。围绕"其实，我不想……"说句心里话是每个学生都能说、都想说的一个话题，老师的要求一提出，学生的思维就立即被激活了。当老师让学生说话时，没有一个学生没内容可说。当薛老师发现学生说的话题雷同时，就及时幽默地点拨。顿时，学生的思路豁然一亮，说的内容也越来越丰富。所以，一开始上课就充满了和谐、宽松、欢愉的学习氛围，为这堂课开了一个好头。

接着，薛老师给每个学生提供了两篇同题作文《其实，我不想长大》，让学生猜猜哪一篇是自己写的。薛老师很会抓学生的心理，学生要想猜对哪一篇是老师写的，肯定会认真读文，肯定会说出其中的理由。因此，当薛老师问学生哪一篇是自己写的时候，学生的兴致很高，说的理由很充分。在学生说理由的时候，薛老师相机板书了两篇例文的不同写法：用理说话，用事例说话。在此基础上，他还告诉学生另一种写法，可以写完例子后再说理，也可以边谈例子边说理，这叫夹叙夹议。学生怎么也没有想到，这两篇作文没有一篇是薛老师写的，而是他从网上下载下来的。这的确是一个陷阱。但我相信，没有一个学生会抱怨这个陷阱。一个陷阱，很好地调动了学生读例文的兴趣；一个陷阱，巧妙地让学生悟出了写这类作文的方法，实乃匠心独运啊！

然后，薛老师给学生限时20分钟写作文。说实话，让学生20分钟当堂完成一篇作文的确不可思议。很多时候，别说让学生20分钟写一篇作文了，就是让老师写，也不是一件容易的事。如果学生完不成，写的作文不理想,对于老师都是一个挑战。没有想到,万万没有想到,20分钟后,大部分学生都写完了!上台读作文的四位学生有的写的是《其实,我不想补课》,有的写的是《其实,我不想说谎》,有的写的是《其实,我不想考试》,还有的写的是《其实,我不想成为温室里的花朵》。四篇文章有用理说话的,有用事例说话的,有夹叙夹议的,也有夹叙夹议中正反对比的;语言或朴实无华,或幽默生动,或妙语连珠,篇篇都那么真实,吸引人!学生读作文时,薛老师及时肯定闪光点,及时纠错,及时培养学生良好的读作文习惯。对于读者,是一次展示,一次提高;对于听者,是一次学习,一次启发。这样的经历,人人受益,终生难忘!学生读完作文后,薛老师让学生实事求是地评价,有别人评,有自评,句句评语情真真,意切切!20分钟的限时作文,学生竟然能写得十分精彩,相信所有听课的老师都会始料未及!

其实,回想这堂课的教学环节,回想那巧妙的"引爆效应",学生在紧张、积极、快乐、放松的情况下一气呵成,比较理想的作文也应该是水到渠成的。是呀,学生一旦有了创作的灵感,一旦自然而然地想起了活生生的经历,怎能不会柳暗花明,洋洋洒洒?

这堂不像作文课的作文课,能让学生说得痛快,写得爽快,听得畅快,不得不令人叹服。薛老师说:"有什么样的教师就有什么样的课堂,有什么样的课堂就会培养出什么样的学生。"谁说不是呢?如果这堂课也让我们按薛老师的教学设计来上,效果也会不错。然而,我们不能不承认,我们很难设计出这么简单而又深刻的作文课。这也许正是薛老师的高明之处吧。

四、在课堂上训练语言

"读书破万卷,下笔如有神。"的确,阅读在语文教学中是至关重要的。新课标指出了阅读是学生的个性化行为,不应以教师的分析来代替学生的阅读实践。一味地单一化学习并接受,只会僵化刻板了孩子们的思维。相反,让学生在多读多悟中掌握课文内容,增强学生学习兴趣,加强学生情感体验感受,远比填鸭式学习更有价值,知识掌握得也更加牢固。在小学中段的语文课堂中,应该对学生进行初步的语言文字训练,以提高学生的阅读能力。

（一）读写实践中应加强语言积累

教师在教学过程中不应搞繁琐的句段篇内容分析，而应引导学生进行读写方面的实践，从而加强语言积累，进行语言文字训练。比如《盘古开天地》这篇课文，如果对课文逐字逐句进行分析，逐层剖析，可谓繁琐，而且也没有必要，既浪费时间，学生的语言积累又无从落实。针对这些原因，需要改变传统的教学方法。对这个神话故事的了解只需要学生熟读课文，多读必须做到读的遍数多，篇章多。小学语文阅读教学中，一些精要篇章、典范作品要尽量指导学生多读几遍，做到熟而成诵，此时作品中的语言才能真正化为读者的语言，读者才能吸收其中有用的东西。前人的经验告诉我们：读书既要精专又要博览。多读仅靠课本上的篇目和课堂的时间是远远不够的，一定要扩大读书的范围，重视课外阅读，加强对课外阅读的指导。熟读成诵，也正强调了遍数多、篇数多，熟读一定程度后，才能达到由"量变"到"质变"，在多读中咀嚼感悟，潜移默化。教师再引导学生利用四字词语对每一段落进行概括，既使学生能够清晰地复述盘古开天地的过程，以便完成课后"我能用自己的话讲这个故事"这个题目，也能够增强学生的概括能力，积累了词语和成语。

（二）重视语言的运用训练

掌握语文工具的关键在运用，评价语文能力的主要指标也是运用能力。所以，语言的运用既是语文学习的重点和主要任务，也是学生掌握语言的难点。然而，很多教师在课堂上都太注重对课文的分析而忽略了语言的训练。《盘古开天地》中的倒数第二自然段，教师利用改变句式的方式让学生填空，比如"他的血液，变成了奔流不息的江"变成"那_____，是由_____变成的"等，从而使学生熟悉了这段内容，也掌握了用不同形式来表达同一个意思。在修改句式的同时，教师让学生反复地带有感情地诵读，分男女生读，有助于提高学生的审美能力和语感，积累了这一段的优美词句，感受了排比的气势。做这类练习，旨在引导学生运用课文中学到的词句。通过运用，不仅能加深对这些词语和句子的理解，还能促进学生的记忆积累,并且为学生今后在新的语言环境中独立运用做了铺垫。运用不仅能加深理解,还能促进积累。因此,在我们的教学中,应加强运用表达训练,从而达到对语言文字的训练。

(三)利用课外阅读,强化语言文字训练

为了增加学生的课外阅读量,从而进行有效的语言文字训练,首先应努力提高学生课外阅读的兴趣。兴趣是学习的先导,是需求的动力。只有培养了学生课外阅读兴趣,学生才会将老师的"要我读"转化为自主寻求的"我要读"。学生一旦有了阅读兴趣,自然就如花香引来了蜜蜂一样,努力寻求阅读机会。比如在上《盘古开天地》这篇课文的开头时,教师和学生要交流神话故事,展示图片让学生辨别是哪个神话故事。在课前可以布置预习作业,让学生去了解一些神话故事。小学生往往对神话、童话、寓言一类的故事性文章比较感兴趣,教师应该抓住学生这个特点进行课外拓展。

第三节　细读文本触发创意生成

一、促进教师自我成长

语文教材中的课文,作为一般性的阅读文章,本身就具有阅读价值——读者可以从中获得信息,接受情感感染和人文熏陶。但这仅仅是文章未成为语文教材的原本价值。一旦这些文章被选用到语文书里来,就具有了另一种价值——教学价值。语文课文的教学价值就是使学生获得言语的智慧,简单地说,就是获得表达的方法与艺术。言语的智慧并不是直露的,而是隐含在语文课文之中。比如,根据事物内在的发展规律,根据事物的内在联系,选择恰当的有联系的词语进行表达等。这些言语的智慧需要教师在课文中发掘出来,并引导学生在语文学习过程中逐步获得!

我们常常惊叹于名师精彩纷呈的课堂,殊不知,课堂教学中的精彩往往来源于课外的努力,这其中之一就是善于挖掘语文教材中教学价值的

本领。

　　用儿童的眼光来解读教材,用教学的眼光来审视教材,用生活的眼光来选择教材,就能找到作为教材的文本中的教学价值所在。用儿童的眼光来解读,就是在解读文本的时候,要将自己当做一个儿童。用儿童的眼光解读文本,就会在解读的过程中产生许多好奇的问题,沿着这些问题,你往往会有许多独到的发现。有了这样的解读,我们就会发现适合儿童阅读、适合儿童学习的最有趣、最简便、最有效的途径。

　　比如《雪儿》,用我们成人的眼光来解读,会将一篇清新优美的文章解读得非常深刻、非常复杂。曾经请一位中学老师来读,他说这篇文章主题深刻,有一条主线,有一条副线……这样一读,你自己首先就会陷入文学的泥潭而难以自拔,看到的是深刻的东西,但是却是远离学生的东西。用这样的东西来进行教学,学生势必如入云中雾里。而从儿童的眼光来看,是否需要关注这样几个问题:雪儿究竟是怎样一只鸟? 它是在什么情况下来到了我的身边、进入了我的生活中的? 在与我朝夕相处的日子里,我是怎样对待它的? 雪儿又给我原本寂寞、忧伤的生活带来了怎样的变化? 是否每个人的生活中来了这样一只雪儿,都会有这样一段美好的生活? 这样一读一问,课文就显得清楚明白了。你再引导学生读课文,必然是亮堂堂的。只有你自己心里清楚了,学生才可能学得明明白白。语文教学需要教师具有一颗永远年轻的童心,只要童心不老,他就能成为一个学生喜欢的好老师。而要成为一位优秀的语文老师,还需要具有童眼看世界的本领、看课文的能力。这样的眼力是需要磨砺的。

　　用教学的眼光来审视,就是我们要对课文的语言作深入的剖析。

　　文本的语言有三个层次:一是适合儿童现时交流的伙伴式语言,学生能听懂,也能自由运用表达;二是适合儿童发展的目标语言,学生经过学习、模仿就能学会;三是适合文学作品的精粹语言,这样的语言典范、优美,蕴含丰富的思想和语言表达艺术,具有言语智慧,但需要学生具备足够的生活积累、知识积累和情感积累,才能逐渐体悟到。富有言语智慧天赋的学生可能会对这样的语言敏感,学习得也会更容易一些。用这样的语文教学的眼光来审视我们的语文课文,就会发现有些课文的语言是伙伴式语言,学生对课文内容一读就懂,无需我们过多地讲解,教学的价值就在于通过诵读课文语言,逐渐规范学生的语言。对于适合学生学习的目标语言,教师应该设计综合的语文实践活动,引导学生学习、模仿、运用,将课文语言逐渐转化为学生自己的语言。而对于精粹语言(文学语言),就需要教师进行必要的点拨、引导,甚至更多的是讲解赏析。我以为,这样的语言适合于学生整体的朗读、积累,存留在学生的记忆里,留待今后在成长的岁月中慢慢融化。在解读教材的过程中,我们还要特别关注那些对学生来说有"陌生感"的语言,也就是学生尚未熟知的语言,包括词汇、句子的表达方式等。这些有"陌生感"的语言就是值得学生学习的语言,需要教师精心设计学习过程。

用生活的眼光来选择,就是从学生的生活需要出发,设计生活问题情境,引领学生运用语言进行语文实践。

一篇课文,真正需要学生理解、需要教师讲解的内容并不多,教师的教学要建立在学生已知的基础上。我赞成三个"不讲":学生已经懂了的,不讲;学生自己能读懂的,不讲;老师讲了学生还是不懂的,不讲,留到以后再讲。如此,就能筛选出真正需要教师精心教学的重要内容,善于取舍是教学智慧的体现。确定了有价值的教学内容,教师就要联系学生的生活实际与学习需要,设计适合学生的语文学习活动,特别是融合听说读写、有思维容量与思维深度的综合性语文实践活动,实现一项语文实践活动达成多项语文教学目标,促进学生多方面的发展。

比如,《我应该感到自豪才对》一课,我在学生学完课文后设计了一项综合活动:有一天,小骆驼在小溪边又遇到了小红马,小红马又说它长得很难看。这时的小骆驼会怎么说怎么做呢?请你续编一个故事,或者两个同学合作演一演。这个活动富有儿童情趣,给学生一个想象的空间,促进学生在交际活动中自觉地运用课文的语言和内容,实现语文表达能力的发展,可谓一举多得。

二、成就诗意课堂

教师要与学生对话各自的言语经验、言语感悟、言语智慧乃至言语人格。"细读文本,揣摩教材"正是我们语文教师积累言语经验、获取言语感悟、启迪言语智慧、砥砺言语人格的重要路径和平台。如果语文教师能认真细读每一个文本,将文本里里外外梳理个透,殚精竭虑,甚至将文本内化为自己的生命化的言语,而后在此基础上精确把握教材重点、难点、疑点、写作特色、编排意图、教育价值取向以及语言文字训练点等,那么,我们还何愁唤不醒学生的言语意识,促不进学生的语言发展?阅读教学效率何愁得不到快速提升?诚如潘新和先生所说:"读多少书,读出了什么,读出了多少自己的发现和创造,永远是衡量一个语文教师智慧水准和教学效果的潜规则。"

那么,我们又当怎样潜心细读文本,深入揣摩教材呢?对此王崧舟老师给过一个形象的比喻——文本是你美丽的倒影!意思是说,从根本上来说,文本细读的不是那个文本,而是你自己。心中有的,眼中才有;心中没有的,眼中始终没有。文本解读靠的是解读者主体的文化积淀、人文底蕴与学识修养。

教师的文本细读,既是一个接受的过程,也是一个发现的过程。教师在细读文本、揣摩教材时,既要有消化吸收,合理评判他人对文本细读的种种理解和观点,更要关注珍视,归纳梳理自己对文本细读的独特感悟和发现。也就是要创造性地解读文本,理解教材,不能被教参、教案集萃所左右。只要有利于教学,他人的观点、自己的独特感悟与发现,可以兼容并包,相辅相成。

我们所说的文学作品的意义,实际上包含了三个层面:一是作者意义,即作者欲在作品中表达的主观意图;二是文本意义,即作者在实际作品中通过语言词句呈现出来的意义;三是读者意义,即读者通过阅读所领悟到的意义,这一意义往往具有一定的时代特色。这三个层面的意义既互相依存,又有差异,并在具体的语言环境和时空环境中有所侧重。如《去年的树》一文,有人认为是环保教育主题,也有人认为是友情与诚信主题。那么文本作者的意图如何呢?德国哲学家伽达默尔指出:文本作者的意图是当代人不可能"客观"的完全再现的,文本的"原义"也是不可能完全恢复的。读者和作者之间的时间间距是不可能克服的,也是不应该克服的。理解是从文本中接受有意义的东西,并把它们"解释"成自己理解世界的方式。由此,从文本意义出发,我们可以断定《去年的树》着力于宣扬友情与诚信的可贵这一教育主题。

其实,随着时代的发展,不少经典作品原有的教育价值已渐渐褪色,这就要求我们教师在细读文本、揣摩教材的基础上创造性地解读,重新把握教材的教育价值取向。如山东省特级教师张伟教《再见了,亲人》,先让学生讨论,什么样的人是亲人? 志愿军为什么把朝鲜人民当亲人? 这一个层面大家都会做。张伟又提出,亲人是双方的,那么我们再看看,志愿军是不是朝鲜人民的亲人? 这是去寻找隐藏在文字背后的东西,比一般老师已经深了一层。张伟还有第三层推进——课文写的是抗美援朝时期,经历血与火的考验,志愿军和朝鲜人民结成骨肉亲情,在今天和平时期,还有没有这样的亲情? 最后得出的结论是"只要人人拥有爱心,处处都有亲人"。显然,这个结论跟作者写作的本意相差甚远! 但这恰恰体现了教师对《再见了,亲人》一文所作的当代解读,实现了文本对今天孩子的教育价值。

有一个典型的例子,就是《三打白骨精》。老师问学生,这个故事中你最佩服谁? 多数孩子说佩服孙悟空,有一个孩子站起来说佩服白骨精:白骨精足智多谋,屡败屡战,锲而不舍,有坚强的意志。这个体验太独特了,我备课备一万遍也想不到,这个孩子想到了。他的解读有没有意义? 第一要肯定他,这是属于他自己的一种解读。第二点,这个孩子说的意义是否是文本的主导倾向? 肯定不是。像这样价值观念上的重大偏差,老师一定要纠正。因为这个涉及大是大非问题。白骨精是害人精,这一点是不能模糊的。孩子说出的这些"优点",但有个前提,就是它要害人。在这个大前提下,你就不能说它"足智多谋",只能叫"诡计多端",这种是非不能含糊。

三、回归语文教学

听薛法根老师讲课,我们总能有意外的收获:抑或被他的幽默所吸引,抑或为他的智慧所折服。他讲课的语言总是那么朴实,然而在这朴实中,学生却和他的课堂很完美地融合在一起。

1. 听写课文的关键句

他在讲授《桃花心木》这课时,一开始就听写"在不确定中,我们会锻炼出一颗独立自主的心,不会依赖。在不确定中,我们会深化对环境的感受与情感的感知。在不确定中,我们会把很少的养分转化为巨大的能量,努力生长"这些句子,并让学生上讲台上板书。这些语言是文章的主体部分,也是学生很难弄懂的,更何况这是第一课时,学生很多生字不会写,薛老师给予学生时间朗读并纠正,这点出乎我们大家的意料。我们一般只会听写生字词,很少把句子拿出来听写。

2. 充分给学生回答问题的时间

语文课堂应该是书声琅琅,薛老师的课亦如此。在读书时,有一学生读得不好,于是薛老师就罚他多读几遍,当他读好时,老师又奖他多读了一遍……薛老师始终以学生为中心,给学生很多回答问题和朗读的时间,增强了学生的自信心。善意的惩罚和奖励,学生会终生难忘。

3. 教给学生学习的方法

众所周知,"授人以鱼,不如授人以渔",说起来简单,教师真正落实在课堂上,仿佛有难度。在整堂课中,只要学生在某方面有一点进步,薛老师就问他进步的原因,让他总结学法,为以后轻松的学习做好准备。有一个学生读书的语感非常好,教师及时问她为什么读得好? 该生大大方方地告诉了其他学生,既锻炼了学生思维,又增进了学生之间的感情。

4. 从学生的角度考虑问题,用孩子的方式解决孩子的问题

授《桃花心木》的写作特点时,薛老师创设如下情境:在我们的生活中,有很多不确定因素,你要想生存,必须有一颗独立自主的心,我们都应该像这些桃花心木,生读"在不确定中,……努力生长";在生活中,你们的父母会对你们说,生读"在不确定中,……努力生长";你们的数学老师会对你们说,生读"在不确定中,……努力生长";五六遍之后,师问:"你想听吗?"生:"还想听。"师:"桃花心木的作者林清玄也是告诉我们这样的道理,人人都爱读,细细读书,作者运用了什么方法让我们如此爱读书?"这段教学,老师从学生的角度出发,让他们真实地感受"寄理于事"的写作方法。

用孩子的方式来解决孩子的问题,很多老师想得到却做不到,薛老师的课堂朴实生动,接近孩子的学习和生活,在这幽默风趣的教学过程中不是蕴藏着大智慧吗?

认真地写字、写文。在贾志敏老师的眼里,听、说、读、写就是最朴素的语文,应贯穿于每一种课型,每一节课上。在贾老师的阅读课上,从来没有忽视过"写"的练习。在教《给予树》一文时,贾老师是这样指导学生写"裕"和"卡"的:这个字念什么?("裕"。)什么偏旁?("衣字旁"。)我写这个衣字旁大家看,(故意把点写成捺)右边是什么?("谷字"。)好,大家看贾老师写这个"谷"字,发生什么问题啦?("衣字旁的捺和谷的撇碰着了。")对了,这个"谷"的一撇和"衣"的一捺碰着了,碰着了打架就不好了。交通规则有四个字,叫礼让三先,把这个捺缩进去,一捺变成一点,做人要谦让,写字也要谦让。"卡"是连体婴儿,一个"上"字,一个"下"字。写的时候注意啦,"上"的一横要写短一点儿,一竖写长一点儿,中间的横要写长一点儿,下面的一竖要写长,这里是一点,看清楚了。接着,贾老师还让学生把这两个字在练习本上认真地写了两遍。学生写,他巡视。在巡视时,他或表扬写得好的同学,或强调正确的写字姿势。这是多么生动的语言,多么有效的指导啊!我们常常抱怨学生作业中的错别字太多,字写得不够规范,归根结底,是我们太不重视指导学生写字,太相信学生,太追求所谓的"以学生为主体"了。学生毕竟是学生,必要时也得老师亲自示范。贾老师不但舍得花时间指导学生写字,还舍得花时间让学生练笔。在他的阅读课上,常常可以看到学生静心写作的情景。至于他上的作文课,从20世纪90年代的《贾老师教作文》电视系列节目,到近年来的想象作文《感动》,续编童话《谁动了松鼠的奶酪》等,都让我们欣赏到他那炉火纯青的教学艺术,感受到他那师者典范的人格魅力!在他的作文课上,学生不愁没内容写,不愁写不好,再加上老师及时准确、幽默生动的点评,学生在紧张、积极、快乐、放松的学习氛围中得到了进步。作为贾老师的学生,真幸福!曾经观看过不少作文公开课,精美的课件迷人眼,师生的对话滴水不漏,却很少看到学生当堂写作文,老师当堂评作文,这样花、假、累、浮的公开课,"红"了老师,害了学生,学生的作文能力怎么会形成?语文这一交际工具怎么能很好地体现?

四、催化创意生成

文本解读就是走进文本,走近作者,通过分析形成自己对文本的理解。文本解读是一切教学活动之始。富有创意的文本解读,可以催生智慧课堂,让语文课堂精彩纷呈。在教学《黄鹤楼送别》一课时,我从意象入手,引领学生在语言品味中感受依依惜别之情。

(一)黄鹤楼上看美景,紧扣"藏"字,感受别情缠绵之美

"李白和孟浩然一会儿仰望蓝天白云,一会儿远眺江上景色,都有意不去触动藏在心底的依依惜别之情。"

这短短一句话洋溢着依依不舍的浓浓真情,这份依依不舍蕴含在一个"藏"字里。他们是怎么藏的?为什么要藏呢?这个"藏"字让你读懂了什么?男子汉的别情背后,是满腔的深情,真情!细细地品读一个"藏"字,读懂的是藏不住的情,直抵人的心灵,"藏"字中流淌的是一种含蓄的缠绵之美。

师:同学们轻声读看景藏情的场景,哪个词最关键,从这个词中你感受到了什么?

师:谁来说说。

生:"藏"字最关键。

师:"藏"的是什么?

生:藏伤心。

生:藏离别之痛

生:藏埋在心里的依依惜别之情。

师:他们是怎样藏的?

生:一会儿仰望蓝天白云,一会儿远眺江上景色,都有意不去触动藏在心底的依依惜别之情。

师:这是人物的动作描写,说说具体的理解。

生:"一会儿……一会儿……"说明诗人一想到即将到来的离别,内心阵阵不安。

生:"远眺江上景色"不是真的欣赏美景,而是故意逃避离别的话题。

生:"有意不去触动"是说他们强忍着内心的情感,希望能避开伤心的离别。

师:简简单单的两个动作,简简单单的一句话,却是离别前

特意营造的安静,这里藏起来的是一种含蓄的缠绵之美。

师:他们为什么要藏?

生:不愿意让对方知道自己的感情。

生:他们都不想让离别的时刻到来,都想让相聚的时光再延长些。

师:这"藏"字包含了多么深厚的情意啊,谁来读出这一份情谊?

从关键词语"藏"入手,经过"藏的是什么? 怎样藏的? 为什么要藏?"层层剥笋,学生的理解"拾级而上"。学生透过字面"一会儿仰望蓝天白云,一会儿远眺江上景色",看到了文字后面的一片真情,感受到了别情含蓄、缠绵之美。

(二)一杯酒里盛深情,紧扣"满"字,感受别情炽热之美

酒在中国传统文化中有着重要的地位。逢到喜事,以酒相庆;遭遇烦恼,借酒浇愁;知己重逢,千杯也少;好友分别,酒也成了重要的表达情意的东西。

终于,李白举起了酒杯说:"孟夫子,您的人品令人敬仰,您的诗篇誉满天下。自从我结识了您,就一直把您当做我的兄长和老师。今天您就要顺江东下,前往扬州,不知我们何日才能再见面,就请您满饮此杯吧!"

"请您满饮此杯吧!"这满满的酒杯里装着的仅仅是酒吗?不,还有对孟浩然"人品高洁"、"诗篇誉满天下"的敬仰情,还有对孟浩然如"兄长和老师"般关爱和提携的感激情,还有对两人跨越十二年的忘年之交的留恋情……李白把师生情、手足情、朋友情……无限的深情都装在这满满的酒杯中,酒满情更满。

孟浩然接过酒杯,一饮而尽,然后说道:"王勃说得好,'海内存知己,天涯若比邻。'"一个是"请满饮此杯",一个是"一饮而尽",每一个动作,每一句话语,传递的都是那无限的友情,那样真挚,那样深情,"满"字中勃发的是一种豪放的炽热之美。

师:离别的时刻并不因两人的不舍而停止前来,所谓的"送君千里,终须一别",这个分别的时刻必然地到来了。

师:同学们轻声读举杯话别的场景,抓住"满"这个词,谈谈你的感受。

师:谁来说说。

生:"满饮此杯"中的"满"字说明李白和孟浩然的友情非常深厚,俗话说"感情深、一口闷"嘛!

师:酒在中国传统文化中有着重要的地位。逢到喜事,以酒相庆;遭遇烦恼,借酒浇愁;好友分别,酒也成了重要的表达情意的东西。这杯中盛的不仅仅是满满的酒,还有——

生:还有深深的情。

生:还有他们深厚的友谊。

生:还有李白对孟浩然的不舍。

生:还有李白深情的留恋。

师:一切的一切,都在这酒中。让我们饱含深情地读一读李白的话。

生:"誉满天下"中的"满"说明李白非常尊敬孟浩然。

师:李白不仅敬佩孟浩然的诗篇,还敬仰孟浩然的——

生:人品。

师:李白和孟浩然不但在诗歌上有共同语言,而且他们的个性也相似,说说他们的人品。

生:孟浩然曾经做过官,后来辞官。

生:孟浩然放弃了好几次做官的机会。

生:李白曾让一位重臣为他脱靴,也辞官不做了。

师:他们都蔑视权贵,向往恬静自由的生活。也正因为如此,李白这样一个"放荡不羁"的人才会这么敬仰孟浩然,他们的感情才会如此之深。让我们带着无比敬仰的心情,朗读这两句话。

师:孟浩然引用王勃的这句话,你能理解它的意思吗?

生:世界上有你这样的知己,就算不在一起,远在天涯海角,也像邻居一样的近。

师:孟浩然引用王勃的这句诗,是想向李白表白什么?

155

生：孟浩然是想告诉李白，他会永远珍藏着他们的友谊。

……

从关键词语"满"入手，教者挖掘了"满"的三层意思："满饮此杯"饮下的是深深的情；"誉满天下"表达的是李白对孟浩然的敬仰；孟浩然的"满怀豪情"则是劝慰李白。课文中李白对孟浩然的敬仰仅仅只写了一句话，学生的理解有一定的难度，教者适时适度地引导学生补充了李白和孟浩然的资料，使学生对"敬仰之情"具体化、立体化。

（三）一叶帆中聚思念，紧扣"凝视"，感受别情无尽之美

白帆渐行渐远，朋友也渐行渐远，李白的目光却未曾稍离，直至白帆早已消失。这一叶帆，凝聚着李白深情的目光，无限的思念。

"白帆随着江风渐渐远去，消失在蓝天的尽头。李白依然伫立在江边，凝视着远方，只见一江春水浩浩荡荡地流向天边……"

"凝视"是专注地看，长时间地看。李白看什么？先是看孟浩然，再是看孟浩然的船。孟浩然的人和船都不见了，"消失在蓝天的尽头"了，他还在看，还在凝视，凝视着"滚滚江水"。

波涛滚滚的长江之中，千帆竞发，为何在李白眼里却只见孟浩然的"孤帆"呢？李白的目光里面也许有什么？"凝视"中展现的是一种不尽的思念之美。

师：践行的酒喝下去了，友人该登船离岸了，友人就要消失在自己的视线里了。

师：同学们轻声读目送吟诗的场景，抓住"凝视"这个词，谈谈你的感受。

师："凝视"是什么意思？

生：专注地看，长时间地看。

师：李白看什么？

生：看孟浩然。

生：看孟浩然的船。

生：看滚滚江水。

师：是的，先看人，再看船，人、船都看不见了，就看滚滚江水。李白舍不得友人离去，一直站在江边为孟浩然送行。

师：当小船渐渐远去时，李白伫立在江边——

生：凝视着远方，只见一江春水浩浩荡荡地流向天边……

师：当小船成为孤帆时，李白依然——

生：伫立在江边，凝视着远方，只见一江春水浩浩荡荡地流向天边……

师：当小船消失在蓝天的尽头，李白还是——

生：伫立在江边，凝视着远方，只见一江春水浩浩荡荡地流向天边……

师：是啊，李白对孟浩然的情就在默默凝视的目光中，同学们，如果你就是李白，此时此刻伫立岸边，望着渐渐远去的朋友，你心里会想些什么呢？请大家拿起笔，把心里想的话写下来。

从关键词语"凝视"入手，教者丰富了"凝视"的内涵：凝视时看什么？从小船离岸一直"凝视"到小船消失在蓝天的尽头；"凝视"的目光中有些什么？把不尽的思念之美表现得淋漓尽致。

抓重点句子，抓关键词语，是对学生粗略的阅读方式的改良和补充。《黄鹤楼送别》教学中紧紧扣住"藏"、"满"、"凝视"三个词语，让学生走进文字中，步入画面中咀嚼、品味，文字背后的那份情便悄悄地撞击心弦，演绎一场诗意的离别。

文本解读是语文阅读教学的根，是语文阅读教学的起跑线。有了创造性的文本解读，才有出彩的语文课堂，才能催生出智慧的课堂。

第四节　教师人文底蕴诱使魅力生成

一、多读书，提高人文素养

苏霍姆林斯基在《给教师的建议》中说："要天天看书，终生以书籍为友","它充实着思想江河,读书不是为了明天上课,而是出自本能的需要,出自对知识的渴求"。在一定意义上说,我们通过博览群书,拜读古今中外教育名著,可以与大师对话,与大师心灵相通。"行万里路,读万卷书,交百人友",教师只有在持之以恒的专心阅读中,才能不断提高教师的文化素养。只有知识渊博的教师才能培养出爱读书的学生。对于教师,读书是提高文化内涵不可或缺的重要途径。读书的热情、读书的习惯和读书的需要,直接决定学校的文化品位,决定学校的未来发展方向。教师应有意识地广泛阅读,"以书交友,与书为友"。

读书是促进教师专业成长的最佳捷径,因为阅读使人对远古的智慧的领悟与借鉴成为可能。我们时常听见教师抱怨,每天忙忙碌碌,几乎没有读书的时间。中小学教师总是很忙,忙得几乎没有了阅读的时间了。教师曾经是读书人,一旦做了教师之后,却很少有人还在延续读书的生活习惯和保持读书人的身份,不可思议。其实读一本书就是一次旅游,一次次地与书本的交流,心灵接受一次次的洗礼,坚持阅读,相信你的课堂会焕然一新,你的身体会精力充沛,你的人生会满是富足。不读书,会让我们在教学上表现出急躁与无序,工作上显示出忙乱与拖沓,下班后表露出懈怠与无聊。不读书会令自己一天天无精打采,生命就这样一日日退化,淡去她本该拥有的光泽,磨蚀我们本该特立独行的个性,僵化我们本该深邃睿智的思想!

每一个教师都要树立终身学习的理念,不断地丰富自己的文化知识,不断地从阅读中汲取营养,不断地增强自己的文化底蕴,去点燃学生求知的火花。要做学生喜欢的教师,首先教师就要做到自身的主动学习,不断完善专业修养,吸纳、更新教育思想。

读书是我们每个教师必需的生活方式。从这样的意义和高度上讲,教师必须读书。一个不读书的学校就是一所没有希望的学校。读书就是最高级的精神美容,读书就是最长远的备课、最好的教学准备。不读书的教师是对工作的一种渎职。好教师的知识结构应当由三块组成,即精深的专业知识,开阔的人文视野,深厚的教育理论功底。读书、读书,还是读书!因为不读书,教学没有什么好方法,没有什么新内容,头脑里没有什么新问题,就容易自以为是。见不到新东西,目光自会短浅,言谈举止自然庸俗。一句话,什么样的教师也就带出了什么样的学生,什么样的厚度也就会有什么样的深度。如果教师以其不读书的形象去影响学生,以其空空如也的头脑去思考问题,以其匮乏的信息去与人交流,以其贫乏的知识去教育学生,教育还能有什么好结果?

读书,可以净化灵魂、升华人格。教师是容易让人心灵结茧和蒙尘的职业。教师既要重教书,也要重读书。要让学生热爱读书,教师首先要爱读书。纵观名师的教学生涯,他们都"乐读不疲"。哪一位"名师"的成功之路不是与书香相伴? 我们教师不仅要读经典作品,还要多接触少儿报刊、图书等,根据学生的胃口推荐适合他们阅读的报纸杂志,把适合学生阅读的书籍带进教室,供学生传阅。要"蹲"下来和学生站在同一水平线上阅读,和学生聊读过的书,低年级孩子的向师性更强,看到老师也读这样的书,阅读兴趣会更高涨。读书不应该只是生活的准备,而应成为教师的生活本身。

阅读的广度,改变你生活的内涵;阅读的深度,决定你思想的高度。决不能用昨天的知识教今天的学生,让他去适应明天的社会。学习的速度小于社会前进的速度,你就是退步者;学习的速度只有大于社会前进的速度,你才可能是进步者。

二、勤反思,生发个性智慧

只学习是远远不够的,只有思考,才会闪现每个教师的个性智慧光芒。思考,也是反思的过程。理论经过思考,一旦与教学实践相结合,便会极大地提高自己的教学能力。在思考的同时,要善于捕捉瞬间,记录灵感,把自己思考和反思的点滴随时记录。教学反思是一种通过提高教师的自我察觉水平来推动教师专业成长,改善教师教学行为,促进教师能力发展,提升教师专业素养的有力手段和有效途径。教师的成长就是经验加反思。要上好一堂课免不了要我们自己反复推敲,尤其是我们中小学教师面对的是一群天真、活泼的孩子,他们的思维在一定的程度上作为成人的我们是难以理解的,因而进行反复的思考和推敲才能提高我们自身的应对能力,也是我们教师提高自身水平、获取经验的一个重要手段。下面就是一位老师因为善于反思而创作的教学设计:

写话教学：突发奇想的教学设计

最近几天一直为今天的公开课纠结彷徨，因为课题的需要，也因为一年多来有关写话教学的尝试，我决定进行一次写话教学公开课。说真的，孩子们的写话水平一直在提高，我只是在教学中渗透，完整的写话课从来没有上过。但是，我要把一年来孩子们的进步和成绩展示出来，用这节课系统地让他们领悟自己一年来的进步，继续为他们鼓足勇气。

前天，按照自己的设计，准备以一段视频"我们轻松学作文"作为导入，终究因为自己下载水平不高，加上无法截取其中的一段，我的教学课件被搁浅了。我开始打退堂鼓，因为下一节课我们刚好上到《小鹰学飞》，这一课教学，和孩子们展开朗诵、背诵、分角色表演都会得心应手，我一定能够上好这一课。于是我对教研组长说我要退却了，不上写话课，还上阅读课。她不同意："就指望你能开一个先河，上一次写话的公开课，也不是要上多好，你尝试一下我们再讨论提高呀。"因为课件没有做好，我没有答应她。平行班的云老师知道我要上《小鹰学飞》对我说："我不同意你上这一课，一点挑战性都没有，完全为了糊任务，你可以不上的。"说得没错，对于我，这样应付任务的活，我发自内心地排斥。

昨天一天，我的头脑一片混乱，思维在不断地打架。当昨天下午最后一节课和孩子们一起合作朗读《小鹰学飞》这一课时，我的思路有了转变，豁然开朗了。我可以借用"小鹰学飞"的形式，带领孩子们学习写话呀。而且，小鹰学飞的主旨就是"超越自己就是赢"，我自己都无法超越自己还能带动孩子们吗？于是，昨天晚上，按照我的想法开始重新安排教学设计并做课件。

我把写话、日记、作文、写作分别作为小鹰在学飞过程中要达到的比大树高、比大山高、飞上天空、飞过白云的目标。这节课作为我写话教学的开篇，让孩子们树立信心，超越自己，增强写话的动力。

主要的教学环节是通过小鹰学飞的过程引入写话的过程，

然后通过出示这一年来同学们的写话,进行对比,让孩子们发现自己的进步,领悟出写话其实并不难,为自己的进步自豪,为自己以后的写话鼓劲。只要坚持,我们的写话就能达到日记的程度,就能达到作文的程度。首先超越自己,那样就会一步步提高,最终超越老师,超越一切人。

我们要像小鹰那样不断地确立目标,让我们的写话越来越棒。

以此为主要线索,结合我的博客内容,昨晚我用了一晚的时间做好了课件,信心满怀,也为自己突然冒出来的创意而自豪。一直到昨晚十二点,我思路开始清晰,一种获得重生的感觉。有时,这样的矛盾有利于自己反思,也有利于促进自己教学。在我的彷徨中,一个完全独创的教学设计和教学课件产生了。

三、善研究,提升教学能力

传统意义上的只教不研、只教不思的教师根本适应不了教育形势发展的需要,因此,作为教师,我们应该与时俱进,在教学中反思,在反思中不断学习和研究,在学习研究中提升自我。在教研中主要把握好以下三点:第一,抓住实践中的问题,确定研究专题,我们要能够从司空见惯的教育环境中发现问题。第二,要养成敢想—爱写—善改的习惯。敢想,就是要有"不怕失败,不怕露丑"的精神,不受条条框框的束缚,对自己确定的问题大胆想象。爱写,就是经常练笔,把自己思考的问题,实践中产生的灵感及时记录下来。善改,就是不断提炼,把成果改得更完美,如此敢想、爱写、善改,常写、常用、常新,一定会形成优秀的研究成果。第三,树立持之以恒的精神。教研工作是一件苦差事,是循序渐进、不断积累的过程,需要我们耐得住寂寞,抛弃"功利"的目的,沉下心来,坚持不懈地多思多想,多学多实践,不可急于求成,不可有半点马虎和偷懒。只要能坚持不懈地努力,就会有收获,有进步。

教学具有研究性,教师应是研究者,这是教师职业所具有的特性。教师成为研究者是教育发展的需要,是教师专业化发展的必然。要成为研究型教师必须有强烈的职业责任感。教师必须明白自身的责任,要对学生的成长负责;要了解学生,对学生的现在和未来负责。对学生负责主要体现在对学生的教育问题上。教师应该深层次地研究学生、理解学生,真正理性地尊重学生的需要。此外,要成为研究型教师,必须有深厚的学科知识和教学功底以及勤于思考、勇于实践的精神。社会在不断地发展,不断地对教育提出新的要求。学生在成长发展的过程中亦呈现多种变化与特性,这就需要教师理性面对和思考。思考是研究的前提,在思考基础上的理性分析与研究才会有所收获和提升。

教师可以通过行动研究的途径促进自身的专业成长。教师的行动研究具体包括教师学习、教师研究与教师写作。教师学习是教师研究的基本前提,教师写作是教师研究的动力。当凭借个人经验无法解决问题时,教师需要获得他人的经验和智慧的支持。如果教师学习之后,能够用新的观念来看待和发现学校的问题并想方设法解决问题,那么教师就可以算是进入了研究状态。没有教师学习,教师就不可能获得发现问题和解决问题的眼光,教师的行动研究将不会启动。没有教师写作,教师就不可能获得他人的建议和意见,行动研究也不会走得太远。我们只有不断学习,不断地充实自己的教研经验,在教学实践中不断反思,在每一个专业成长的环节上孜孜以求,精益求精,凡走过的应该留下足迹,凡奋斗的必然会留下成长。

四、常动笔,记录教育得失

教师每天的生活中都会碰到一些有价值的事,我们应该做一个有心人,去认真总结教育的得与失,那些教学实践中的火花是最有价值的。一件事情,今天成功了,是怎么做的? 有什么体会? 有什么感受? 出现了一个矛盾,又是怎么解决的? 有了挫折,又是什么样的感受? 这样就给我们提供了很多鲜活的材料和思路,指导我们日常的教育教学。不要小看这教学反思,知识经验都是靠点滴积累的。古人所谓"读书破万卷,下笔如有神",可谓是经验之谈。当我们在阅读之时,把一些优美的词句段落等摘记下来,进行重点阅读揣摩,把别人好的东西用到自己的文章当中,来提高自己的写作能力,丰富自身的文学修养,这不失为一个好办法。阅读摘记也是我们扩展知识面的一个重要手段。不动笔墨不读书。读书时勾、画、圈、点，摘录下对自己有感触的地方，写批注，写读后感。有空时翻阅读书笔记。在日常的教育教学实践中，总会有一些令你触动的教育教学案例，记下这些东西，进行不断的反思、总结，日积月累就会积累很多经验。写作不仅是积累经验的一种方式，更是逼迫自己勤于阅读和思考的强劲动力。教师要坚持用文字记录自己的教育生活，让忙碌与宁静进行对话，让冲动不断接受理智的批判，让实践不断接受理论的提升。

朋友去参加培训，回来时感慨颇多。校方安排的都是小学特级教师授课，听起来很入耳，感受很深。一来这些教师本身素质很高，二来他们说的都是我们平常工作中的实例，贴近我们，能够引起我们的思考。

感触最深的是其中一位特级教师说的话："一线老师不要再去抄教案了，只要你能坚持在三年时间里，每节课都能做到反思并记录下来，你一定能成为名师。"其实，这句话不是这位特级教师第一个说的，这应该是所有小有成就老师的共识。这句话说起来简单，做起来一点都不容易。

写一次反思，或是记录一次教育心得是很简单的，难的是三年坚持记录，也就是需要每一天都能坚持做反思做记录。能够做到这样的老师，首先他的自我约束能力很强，他有主动思考的意识，还有坚持写作的恒心与毅力。

每堂课反思，在课堂上孩子学和老师教的基础上进行反思，及时有效，不但对当堂课进行了反思，更为下节课的精彩打下了基础。所以，上课的老师应该随时带一支笔，随时记录下课堂亮点中的关键词，每节课下课在走向办公室的途中要简单回顾一下课堂的教学过程，有了灵感要马上记录下来，等晚上有时间时重新整理记录。只有做课堂的有心人，我们的记录才会有内容，才能让我们的反思有持续性。

每天坚持记录是检验老师教育主动性最有力的方式，但凡每天都能进行反思和记录的老师都是主动要求进步的老师，也是没有教育倦怠的老师。因为反思，我们知道自己的不足，再去寻找好的教学方式弥补不足，这样的一个过程就是教学能力突飞猛进的过程。因为需要记录，我们在写的过程中自然要去不断地学习，因为不断地学习促进我们的素养提升。

因此，说这句话很简单，听这句话很受感触，践行这句话需要勇气和坚持不懈的毅力。之所以难,所以能够坚持的人才能成为名师。之所以难,很多老师只能感触过后丢到脑后,永远成不了名师,究其原因都是自己不够努力。

第六章　听说读写让情趣课堂简约扎实

第一节　让学生在倾听中开启思维

一、教师言传身教，善于倾听学生的声音

在课堂上，老师要以充满情趣的语言，诉说"倾听"的重要性。在语文课堂上，老师要留意"听众"的状态，随时予以调整，以充满情趣的语言激起孩子"倾听"的兴趣。在倾听学生发言的时候，用极富情趣的语言对听得认真的孩子及时表扬，对听得不认真的及时提醒。低年级的孩子好胜意识强，往往表扬的是一个，受益的是一大片。经过长期引导，"倾听"的重要性将会根深蒂固地"长"在孩子的脑海里。

体验"倾听"，培养良好的倾听习惯。人的成长其实就是一些习惯的累积，而习惯的养成不是一朝一夕的事，需要我们在平时的生活中点点滴滴地积累起来，需要耐心，需要勇气，更需要方法。

1. 细化要求，养成倾听习惯

老师和学生共同制定倾听的要求：专心、耐心、细心、虚心，并严格履行。

2. 借助儿歌，激励倾听

"好动，坐不住"是低年级儿童的天性。为此，我们可以把倾听的习惯、要求及方法编成朗朗上口的儿歌，用儿歌来吸引学生的注意力，用儿歌来褒贬学生的倾听行为。在轻松活泼的气氛中教会学生倾听，在平常的语文课堂教学中不露痕迹地培养学生的倾听习惯。

3.设置游戏,提高倾听潜能

爱玩是学生的天性,游戏是深受学生喜欢的活动形式。在课堂教学中,如果能针对教材本身特点和儿童年龄特征,在课堂中穿插一些生动活泼、形式多样的有趣游戏,让学生在玩中学,不仅能够培养学生的学习兴趣,还能在玩的同时培养学生注意倾听的学习能力。

4.榜样示范,潜移默化

小学生的向师性强,老师的一举一动会带给孩子潜移默化的影响。要求学生养成倾听的好习惯,老师首先要做一个耐心、专心、悉心的倾听者。教师的倾听一方面有助于教师及时了解学生的认知水平,有针对性地调整教学,同时也是对学生人格的一种尊重,帮助学生树立学习的自信。这样一来,既达到了课内外相互交流的目的,又给学生营造了良好的倾听氛围。

二、明确倾听要求,让学生边倾听边思考

(一)培养兴趣,让学生学会倾听

首先,对孩子明确要求,在课堂上,既要注意倾听老师讲课,又要注意倾听同学发言。其次,我阅读了有关倾听的理论书籍,并告诉孩子们:面对一个有待探讨的问题,先独立想一想自己对这个问题的看法,再虚心倾听别人的意见,听时,把注意力集中到将探讨的问题上,逐步学会记住他人发言的要点。同时,运用一些肢体语言来辅助:要求学生目光注视对方,以示尊重;用点头、微笑、摇头等非语言信号表示自己在听。当然,在别人回答完毕后,亦可以直接用语言来表达自己对别人回答的意见。另外,为了让学生在心理上引起重视,在课堂中,我经常会这样做,待学生表达完意见后,随时请其他的学生复述前一位同学的回答,并让其给予补充或评价。作为教师,我也会及时鼓励或指正,以此来调动学生听的兴趣,从而让学生逐步乐意倾听。

毕竟是低学段的孩子,有时想听,却不知应该怎样听。除了理论上的引导,在实际教学中,教师在语言上的激励与指导显得尤为重要。在优秀教师的课堂上,我们听到这样的声音:"这个小朋友听得多认真啊!"同

样,在我的课堂上,经常可以听见我这样的评价语言:"这位孩子的眼睛一直看着老师,他听讲多认真啊。""他能认真听别人发言,并能指出不足,我们应该向他学习!""这个孩子善于动脑,谁能像他一样?""这位小朋友的发言真是精彩极了,比老师的想法还要多、还要好!""他能认真听别人的发言,并将自己的意见补充进来,真棒!谁能说得比他更好!"这样的语言能更好地调动学生认真听的积极性,达到良好的效果。所以,我对此类评价毫不吝啬。

(二)互换角色,让学生乐于倾听

低学段孩子的注意力维持时间不长,单一的课堂模式更易让学生疲倦。所以,适当的时候在教学中让学生轮换一下角色,当当小老师,让学生积极参与学习,生生互动,这样有时学生更能注意听,也能收到意想不到的效果。在课堂上,当一名学生读完一段课文后,我便请其他的孩子来当小老师,进行评价,并及时对评价的孩子给予鼓励:"你说得很好,说明听得认真,真是一名好老师!"这样的评价语能充分调动学生参与的积极性,更有效地提高学生听的能力。此外,我认为还可以根据课文内容,设置多种形式的活动,让学生更好地投身其中。如:归类训练时,同学之间互问反义词,你一句,我一句,在这一问一答中,轻松掌握基础知识;根据课文内容,请学生来考学生。比如在教学《燕子妈妈笑了》一课时,我安排师生之间、小组之间分角色朗读表演,都能让学生更有激情,更有参与的兴趣,教学也更有收获。

(三)多样方法,让学生高效倾听

在合作中培养正确倾听。合作学习是新课程的一种新的学习方式。对于低年级小学生来说,采用两人合作比较理想,一人讲,一人听,分工更加明确,也让学生更清楚地知道自己的角色,只要认真倾听了,边听边思考,才能在听后发表观点。这样不仅使每个人都有机会发表自己的观点与建议,而且也乐意倾听他人的意见。通过相互倾听,可以了解他人对问题的不同理解,有利于摆脱自我为中心的思维倾向。就是语文课中的朗读,也可采用这样的方式。我们在教学第一课时初读课文时,可以让同桌相互对照着读,向读得好的同桌学习,同桌读得不够的地方帮助指出,相互学习。这样,给他们听的任务,学生必须认真听好同桌的朗读。其他教学环节也可以这样进行,反复训练,学生的倾听能力在这样的训练中提高,悉心倾听的习惯在这样的训练中养成。当然,教师也应及时表扬那些在合作学习中认真倾听的学生。

学会倾听,是提高课堂教学效率的前提,是尊重他人、关爱他人的行为,是与人交往的一种能力,是一个人心理健康的表现。古希腊先哲苏格拉底曾经说过:"上天赐给我们两只耳朵两只眼睛,但是只有一张口,是为了使我们更多地看,更多地倾听。"寥寥几句话,我们足以感受到听的重要性。学生认真倾听的习惯不是一朝一夕养成的,是一个长期的积累过程,需要老师经常提醒、督促和长期的指导。在平时的教学中,只要教师善于捕捉教育契机,适时引导,给学生创造一切"机会",定能使学生逐步养成倾听老师讲解、倾听别人意见的良好习惯。学会倾听,会使我们的课堂教学更生动、更精彩、更有效,会使我们的学生真正成为学习的主人!

三、提高自身素质,吸引学生耐心倾听

提高语文课堂教学的吸引力,目的就是要提高课堂的有效性,让各种不同层次的学生都能学有所获,自觉进入倾听状态。作为老师,我们首先要用个性的魅力吸引学生,在教学实践活动中对学生要有强烈而持久的人际吸引力、精神感召力和智慧的启迪力。教师的形象、气质、精神状态,会直接影响和感染教室里的每一位学生。教师要善于创设轻松幽默、有吸引力的课堂氛围,可以根据所讲内容采用谚语、诗歌、格言、讲故事、讲笑话等多种形式来丰富课堂。这就要求语文教师要有独具特色的个人魅力,应努力构建融会贯通的学识魅力,激情洋溢的语言魅力,以生为本的人格魅力,独具特色的个性魅力。

一个沉闷无味的课堂,一个没有激情的老师,怎么能吸引学生认真听讲的目光呢?因此要吸引学生的注意力,老师一定要千方百计使自己的课堂艺术化。

(一)用幽默的语言吸引学生

课堂上语言幽默风趣的教师最能吸引学生的注意力,因此,当学生的

思维要开小差的时候,我们不妨来点幽默。比如,一天下午正在上课,突然"轰隆隆"炸雷响起,同学们的目光全转向了教室外面,有不少学生还大喊着:"好响啊!""要下雨了。"……此情此景,如果老师大喊一声:"注意了,这是课堂!"想必也能把不少孩子的注意力拉回来,但这样强拉回来的注意力肯定不能长久。于是,我只是笑笑,说:"看来老天爷确实厉害,比老师强百倍,它的一声大吼就把同学们的眼球全吸引走了,厉害!"听老师如此一说,孩子们有些不好意思,都微笑着把视线转向了讲台,有几个孩子还满脸的歉意。

(二)用浓浓的情感打动学生,吸引学生

语文课是情感比较浓的课,课文所反映的情感或慷慨激昂,或如泣如诉,或缠绵哀婉。所以,在语文课堂上,教师要以深情来吸引学生的注意力。如用丰富的表情,动情的诵读,抑扬的语调,得体的肢体动作,营造强烈的感情磁场,把枯燥的文字变成生动的立体形象,使老师之情、学生之情、作者之情完全融为一体,在浓浓的情感氛围中,学生心灵受到震撼,从而更积极主动地集中注意力去感悟语文之美。

(三)精心设计教学,吸引学生

在课堂教学中,教师还要根据教材特点,寻找切入点,精心设计教学环节,激发学生的兴奋点和浓厚的参与意识,从而让学生在紧张的思维、争先恐后的参与中自觉集中注意力。如在教学朱自清的《匆匆》一文时,可以针对不同段落的特点,设计不同的教学环节引导学生去学习。文中的第二自然段是这样写的:"我不知道他们给了我多少日子,但我的手确乎是渐渐空虚了。在默默地算着,八千多日子已经从我手中溜去;像针尖上的一滴水滴在大海里,我的日子滴在时间的流里,没有声音,也没有影子。我不禁头涔涔而泪潸潸了。"在学了之后,老师故作疑问:"这样的话语太委婉了,我把它改改,大家看看行不行,'我不知道他们给了我多少日子,但我的手里的确是没有了,我默默一算,24 年的时间从我手中溜去了,时间过得真快啊! 真让我大吃一惊!'"话音刚落,学生们哄然大笑,然后老师话锋一转,说:"不要只是笑,和我辩辩,要不要改。"要和老师辩

理,学生顿时活跃起来,都争先发表自己的见解。而在第三自然段中,针对课文内容,拓展思维,要学生根据自己的生活实际,补充几句关于时间流逝的句子。这一拓展训练,紧密联系学生的生活实际,让学生有话可说,学生乐于参与,注意力更加集中。诸如:"看电视时,日子从屏幕前过去";"上网时,日子从敲击的键盘上消失";"闲聊时,日子从嘴边溜走……"一句句妙语从孩子嘴中蹦出。是啊,老师要根据教材特点,精心设计每一教学环节,让学生在轻松自如的氛围里,自主参与,积极思考,培养孩子专注参与课堂的习惯,提高课堂学习效率。

(四)以动制动吸引学生

语文课上调动学生注意力的方法除了动情的诵读、多媒体的引入外,我们还根据学生爱动的特点,以动制动,让学生活动起来,如加动作读课文、进行课本剧表演等,把枯燥的、没有生命的文字变得生动形象。如《陶罐和铁罐》这一课,作者通过神态、动作及对话的细致描写,生动形象地刻画出了两个形象:骄傲的铁罐和谦虚的陶罐。在初步学习的基础上,我先请同桌两人表演,然后指名学生上台表演,学生一个个神采飞扬,积极参与,表演得惟妙惟肖,很好地理解了词语及课文的内容,高效地完成了教学任务。

四、培养倾听习惯,鼓励学生听中悟道

倾听是一种与生俱来的能力,"善听"则善思。倾听不仅是单单获得一些知识、信息,还是一种综合素养的训练和形成的过程。我们的语文课堂教学是一项复杂的心智活动,要让学生在倾听的过程中获取、分析、整合并应用信息不是一蹴而就的易事,需要教师有意识地引导与培养。教师要最大限度地引导学生处于积极的倾听状态,让自己的见解与他人的见解互相碰撞、融合。

在语文课堂上,我们更应当关注孩子们倾听什么,如何倾听。它不仅仅是指听明白一句话的意思,更指用心在感悟一词一句一段里的深邃意蕴,捕捉字里行间的知识信息,感受声音语言里的情感和真谛。教师要尽量地创设情境,激发学生倾听的兴趣,调动他们的各个感官,调动他们的

思维去倾听。这样,学生在倾听的过程中融入情感,深入其中,用心、用情,才能收到良好的效果,真正促使倾听习惯的养成。比如在教学五年级《慈母情深》一课时,对于文中所诉说的困苦情景,现在的孩子很难体会到。把握不好人物的处境,自然就理解不好文章思想感情,在这种情况下听课,学生捕捉不住课堂重点。

因此,教师要提供背景资料,并结合文中情节引领学生,让他们的认识和已有经验重新整合,在听课的过程中加入自己的见解,达到获取知识的目的。

没有倾听的课堂不会是完整的课堂,没有倾听的语文教学也将是缺陷的教学。既然倾听是一种语文学习能力的必要积累,教师除了有意识地去培养、去提醒、去督促学生养成之外,还需要教师引导学生学会坚持,坚持在每一堂课,坚持在每一个活动中。

当然,语文学习的课堂上,倾听不仅仅是对学生而言,也是对教师的要求。要学生学会倾听,教师必须首先自己会倾听。教师要给学生多留一些发表见解的时间,放下架子,侧耳倾听,俯身细听,以平等的身份参与和听取学生的真实感受,积极倡导"争鸣"的课堂实效。

第二节　让学生在朗读中感悟情趣

一、不以老师分析代替学生读书

于永正老师说:"学语文,首先要把课文读好,朗读好才能走进课文中去,才能学会语文。朗读不仅能让学生获得语言,而且会培养学生的语感。有了好的语感,才会有较好的听说读写能力。"教师只有反复地朗读课文,体会人物的性格特点和当时的环境,才能更好地通过朗读表现人物,读出场景。

叶丽华教人教版一年级下册《柳树醒了》体会颇深:

《柳树醒了》是一首契合心性的好的儿童诗,读起来总是韵味无穷。诗中多处用到了"了"、"呀"、"哟"、"啊"等语气助词,

171

如"小柳树呀,醒了","小柳枝哟,软了"等,具有一种童稚的强调,让整首诗显得俏皮可爱,特别适合一年级孩子去诵读。

面对这样情趣盎然的童诗,我们教学也应该是活泼的,让学生在朗读中品咂语言。

"每天早上,都是谁怎样把你叫醒的?那么柳树又是谁叫醒的呢?"教师娓娓的导语引领孩子们有滋有味地朗读课文。

春雷是个急性子,他一看春回大地,万物复苏,而柳树还在睡觉,就跟它说了:小柳树,快醒醒吧,大地莺歌燕舞,可美了。你想,他还会说些什么呢?用上《识字一》中的词语说话,特别表现出春雷声音忽高忽低、忽长忽短,体现春雷对柳树的全力呵护和悉心关怀。

"说着说着",一连两个"说着",告诉我们春雷说了很长时间,我们该怎么读?说着——说着——

小柳树听到春雷的呼唤,慢慢地张开了眼睛,伸个懒腰,醒了。如果我们把"醒了"换成"发芽了",你觉得怎样?说说当时小柳树的表情:欢欣、惊讶……试着通过朗读表达出来。

小柳树呀,也有话要和春雷说呢。猜猜看,她会说些什么呢?他俩真是一对亲密的好朋友,你能把第一节美美地读一读吗?

个性化的阅读不仅在低年级,进入中高年级,语文课堂上更需要抓住孩子的课堂生成,引导孩子们的个性化朗读,便于感悟课文中的情感。

在上到《第一次抱母亲》一文,精读四、五自然段时,我让学生们用自己喜欢的方式读这部分内容,又指名分角色朗读,师生合作读,主要想让学生积极投入文章,调动他们情感,体会作者当时的心情,与作者形成共鸣。

我看到同学们的情感积蓄得差不多了,就问:"为什么'有两行泪水从母亲的眼角流下来?'可以结合'我'言行的句子讨论一下。"

（学生开始讨论，我在底下巡视倾听。）

突然有一学生偶有新发现，高举着手，迫不及待地说："老师，我发现作者没有写完这篇课文。"话音刚落，同学们的眼光都投到了这个大胆的同学身上，犯起了疑惑。

我就问："你是从哪儿知道的呢？"

学生自豪地说："后面有省略号。"

真是一语惊醒梦中人，很多同学都若有所悟地说："是的，真是的。"

师：你还真是看得细呀！那我们一起来探讨一下这个省略号在这里到底有什么用处呢？要说得有道理。（备课时还真没想到这个小标点竟引起了同学们兴趣。）

我问："看样子大家都研究明白了？"

学生齐答："明白了。"

我引导孩子们："好，说说吧！"有学生回答："母亲感动得流泪了，儿子肯定是放好母亲后，出去偷偷地掉眼泪了，就没有写了。"我插话："为什么'出去偷偷掉眼泪'呢？"生补充说："肯定怕吵醒母亲。"另一学生反驳："母亲根本没睡着，吵什么呀！"许多学生抢着说："怕母亲看见难过。"

听了同学们说的，我点着头说："大家真是动脑筋思考了，说得很不错，还有其他的想法吗？"有学生说："我认为是让读了这篇文章的人想想母亲的伟大，也让人想到自己的母亲，有一种回味无穷的感觉，可能是作者故意设计的。"我连连称赞："你认为是作者的巧妙设计，留给读者深思回味的，你真是作者的知音呀！"

又有学生说："我认为他会给母亲擦去眼角的泪水，轻轻地盖好被子，让母亲静静地休息。"还有学生说："可能去帮母亲洗衣服或干其他的事，因为他以前为母亲做得太少，从现在起，他要为母亲做更多的事，不然心里不仍然难过、愧疚吗？事情一多，肯定就不想全把它写下来。"还有学生突然想起来说："可能去问医生母亲的病情怎样，病房外的事没有必要写下来了。"

　　我非常高兴地说:"大家刚才说的都是从作者的角度去感悟的,极少有同学从母亲的角度去思考,能不能想一下:为什么'有两行泪水从母亲的眼角流下来'呢?"

　　(学生思考片刻,渐渐举起了小手。)

　　"母亲知道自己的儿子长大了,懂事了,很高兴。"

　　"母亲明白儿子现在要去报答她了。"

　　"母亲知道儿子也会像她以前那样去照顾她。"

　　"母亲看到儿子这么孝顺,感动地流泪。"

　　"母亲的泪水是幸福的泪水,开心的泪水,欣慰的泪水。"

　　我最后总结说:"是啊,小时候母亲抱'我'入睡,'我'长大了抱母亲入睡,文中的'我'懂得了母亲给予我的爱,'我'也应在以后的日子里一点点回报母亲。那么我们在座的每一位,包括老师,也应懂得回报母亲给予我们的爱,回报每一位给予我们爱的人,应该拥有一颗感恩的心。"

　　阅读是学生的个性化行为,在新课标中就强调要重视学生的独特感受和体验。课堂上,学生往往会出现一些极富创意的想法或新奇的发现,很大可能都是老师所没有预料到的。这时,我们老师不应回避或一带而过,应善于抓住契机,发散儿童思维,引导学生创造性地学习。今天学生突然提"作者没写完"这个问题,如果我回答这个问题,答案是我的观点,就没有让学生自己思考、感受的过程了。结果并不重要,重要的是让学生打开了思维之门,拓展了想象的空间,深化了课文的内容,这不正是我们老师所希望的吗? 真是自然生成、绽放精彩呀!

二、创设对话情境让学生喜欢阅读

　　新课标也提出:"阅读教学是学生、教师、教科书编者、文本之间对话的过程。"在教学中,我们要通过创设的问题情境,让学生产生"对话"的欲望,让学生充分想象的同时,也拓展对话的空间。对话有生生对话、师生对话、生本对话。让学生在对话中加深对文本的理解,领会作者的意图,教师要善于创设对话的情境,让学生产生对话的欲望是非常重要的。

一位老师有这样的记录：

早晨，依旧一早就到教室和孩子们朗读课文，今天我们要上《再见了，北京！》这一课。按照惯例，我领读几遍后孩子们的感觉就会出来，但是今天三遍读完他们不但句子读不通顺，连早就改正的"唱读"和"拖音"现象都一股脑儿出来了，我一片茫然。

静静地想想，这不能怪孩子们，这一课不同于以前学习的童话故事或小美文，文章中有很多孩子们不认识的字和没有接触过的词语。例如：卓越、留恋、奥运等。他们没有接触过，更不理解意思，从而导致读通顺都成了问题。对于2008年的奥运会，孩子们了解得不多，我的讲解显得很平淡枯燥，很难引起他们的共鸣。

一个早读课下来，我们仅仅是扫除了读音的障碍，读书的感觉一点没有找到。孩子们都很无奈地说："老师，真读不好。"看来，读好这一课对于我们是一个挑战。

第一节语文课，我们安排在多媒体教室上课。当鸟巢展现在孩子们面前的时候，他们的记忆被勾起来了，有的孩子开始说出这是什么地方。飒飒还激动地站起来："这里我去过了。"呵呵，有点感觉了。接着，一幅幅奥运精彩的画面出现在孩子们面前，他们一边赞叹，一边充满了向往。

"孩子们，看了这些图片你们有什么感觉？"

"漂亮呀！"

"是呀，这里的赛场，这里的烟火，这里的圣火，这里好客的人们，都让人感觉到美好。对不对？"我引导孩子们说话。

"是的。"孩子们的眼神里充满着难以抑制的憧憬。

"孩子们，在这样美好的地方游玩和生活，你会有什么感觉？"

"我们舍不得离开。""我们想一直生活在这里。""我们想下次还来。"呵呵，找到一点感觉了。

"是呀，奥运会结束了，来自世界各地的运动员们也有这样

175

的感觉。你们能从书上找到描写他们心情的词吗?"很多孩子开始看书。很快他们找到了"留念与不舍",真好!

但是,我觉得现在感情的基调还不够。

我找到了《我和你》这首歌的视频,当刘欢开口高歌时,大部分的孩子居然也能够投入地跟唱,一副无比陶醉的样子。在开幕式的波澜壮阔的场面中,孩子们如痴如醉,忍不住在唱完一遍后提出要求:"老师,再来一遍吧。"我也被感染了,忍不住和孩子们一起尽情歌唱。

好了,这时再朗读效果一定好多了。我播放了示范朗读,先让他们仔细听一遍,然后小声地跟读一遍。接着我问孩子们:"你们听阿姨读得怎样?""好!""有感情!"

"嗯,有感情。你们认为她想表达怎样的感情呢?"

一阵思考过后,很多孩子做出回答:"是参加奥运会的人们对北京的留恋与不舍的感情,还有他们的兴奋和快乐。"

"是呀,你们总结得真好。老师相信你们也能够读出这样的感情来,是不是?"

他们信心满怀,齐声回答:"是的。"

"好的,课下赶快自己练读,下午的语文课我们比赛朗读,好吗?"

"好!"

这时下课铃声响起,期待孩子们下午能给我带来惊喜。

这样的教学让学生选择自己阅读,具体表述感悟的精华,让他们的感悟在各自品评中进一步得到升华。

三、尊重学生个性化阅读

义务教育语文课程标准认为,阅读是学生的个性化行为。阅读教学应引导学生钻研文本,在主动积极的思维和情感活动中,加深理解和体验,有所感悟和思考,受到情感熏陶,获得思想启迪,享受审美乐趣。要珍视学生独特的感受、体验和理解。……不应以教师的分析来代替学生的阅读实践。显然,义务教育语文课程标准中的阅读目标和阅读教学建议是以发展学生个性为出发点和归宿点,倡导语文阅读教学走个性化阅读教学之路的。因此,只有当学生的阅读个性化了,只有学生在课堂中表现出真自主、真感悟、真体验了,这样的课堂才是真正的语文课堂。阅读教学中,让学生的个性得到发展意味着教育在本质上的回归。因此,语文课程要根据学生身心发展和语文学习的规律,关注学生的个性差异并适应这种差异,尽可能在语文学习中发展学生的个性。下面的课堂上,老师尊重每位学生的个性体验,创设了一节生动的课堂。

为什么"四海无闲田,农夫犹饿死"?

今天和孩子们一起学习李绅的《悯农》二首。前面一首《锄禾》孩子们早就背得滚瓜烂熟,课堂上的诵读环节可以省略了,我想问问孩子们是否知道诗歌的大概意思。在我的慢慢引导下,他们基本能够了解这首诗的大意。还是有孩子不明白:"老师,为什么农民伯伯非要在那么热的中午去锄禾呢?早晚不能去吗?"是呀,孩子们怎么懂古时候农民的生活。我简单地把古代农民与地主的关系说了一下,他们似懂非懂。

学到第二首《悯农》,诵读一关孩子们已在早读通过了,关键还是让他们了解大意。"四海无闲田,农夫犹饿死。"这一句孩子们怎么也不懂。结合插图,他们看到了农民伯伯穿得破破烂烂,有个老爷爷躺在地上已经快饿死了。我简单引导了"四海无闲田"的意思。四面八方的田都种满了,而且收获也不少,为什么种田的人还会饿死呢?

把这个问题交给孩子们,他们想了半天。终于有孩子很歉意地举手了:"老师,因为农民伯伯把种的粮食都送给我们吃了。"我笑笑,请其他孩子继续思考(其实我知道,他们不了解历史的情况下会有意想不到的答案)。有孩子急着要回答:"老师,我知道。因为春种和秋收之间有一段时间,这段时间农民伯伯没有粮食吃。"嗯,看来这孩子很有时间观念呢。我继续让他们回答:"老师,我看了插图,因为农民伯伯把粮食都种地里去

177

了，所以他们要等到收获时才有粮食吃。"这孩子看图很仔细。更多的孩子都和第一个孩子一样的想法，因为我们每天都不担心没有饭吃，主要是吃了农民伯伯种的粮食，让他们都快饿死了。孩子们眼里充满了担忧和同情。

我笑了。我的这群可爱的孩子可真够善良的。就像我引导他们理解"悯"字的意思，我让孩子们抓住竖心旁是表示的"心理活动"的意思，再结合插图，想想诗人想表达的是怎样的感情，他们就知道了"是难过，是伤心，是担心、是同情。"呵呵，小家伙们一点就通了。

关于"农夫犹饿死"该怎样对他们说呢，还是要讲清楚，否则他们今晚回家饭都不敢吃了。

"孩子们，请你们看今天的课题《古诗两首》，你们发现了什么？"

有细心的孩子说："这是古诗。""对了，这是古时候的人，离我们很远很远的时候了。我们现在的农民伯伯可不是这样的。"孩子们听我这么一说，脸上的忧愁开始舒展了。

"老师来举个例子吧。林俊是古时候的农民，他自己没有田地，只好从地主家租地耕种。他租了一块地每年可以收100筐粮食，但是现在必须交50筐给地主家，剩下的50筐只够全家吃半年，所以会饿死。而我们现在的农民种粮食不但不要交给地主了，100筐粮食是自己家的，国家还有奖励呢。"孩子们惊讶极了。

呵呵，孩子们深深感受到当今的生活是多么美好，也算有点懂得"四海无闲田，农夫犹饿死"的原因了。

最后，我在学生讨论的基础上做了全面的总结，使他们对诗意有了比较正确的理解。这样做，保护了学生独立思考的积极性，让他们的个性在课堂里得到了充分的张扬。因此，在我们的教学中，教师不能只有一个答案，一条思路，更不能靠一本教参打天下，答案可以是丰富多彩的，思维应当是流动跳跃的，这样学生才会乐意接受我们的教育。

四、阅读最终是自读自悟的过程

小学生既要自主阅读自主感悟，又能查阅资料，并能广泛地阅读课外读物，真正掌握阅读方法，读懂文章，运用语文，这正是"大语文"教育观所提倡的。网络时代，信息瞬间万变，课堂教学已不能适应时代的发展。因此语文课堂教学的任务已不再仅仅是传道、授业、解惑，而更为重要的是传授给学生自主阅读自读感悟的方法，培养学生自主阅读自主感悟的习惯和能力，使学生"得法于课内，受益于课外"，以适应时代发展的需要。

（一）不动笔墨不读书，养成"读悟写"结合的自主阅读习惯

"小和尚念经，有口无心。"很多学生这样子去读书，结果连自己也不知所云，这怎么能理解文章的内容呢？即使老师讲解了答案，他们也只能是知其一而不知其二，最终导致他们不知如何读懂文章。所以，老师在课堂教学中应培养学生边读边想边写的习惯，把自己理解到的内容写在书页空白处，作一些简要的批注，让学生在自主阅读自主感悟的过程中，思维永远处于活跃状态，产生一些有个性、有价值的结果，以提高学生分析、认识事物的能力。

（二）积极参与讨论，养成勇于发表见解的自主阅读习惯

学生有各自的个性，有的胆大，在课上勇于发表自己的见解，得到有效的锻炼与培养；有些学生胆小，他们往往被教师所遗忘，得不到应有的锻炼。课堂教学是面向全体学生的教学活动，有培养全体学生的责任。为了实现培养全体学生的重任，教师可以把学生分成若干个学习小组，促使每个学生都主动参与学习小组的讨论活动，发表自己的见解，把阅读时的理解、批注说给别人听。参与活动能促使他们主动参与学习过程，使他们积极主动地阅读，自主感悟，敢于发表自己的观点，让每个学生都有机会得到锻炼与培养。在学生讨论时，教师应该给学习有困难的学生以辅导，帮助他们克服学习上的困难，树立"我能行"的信心。

（三）主动搜集资料，培养感悟与借鉴相结合的阅读能力

语文课堂教学也要注重教给学生查阅资料的方法，让他们懂得哪些资料符合理解文章内容的要求，值得借鉴引用，丰富自己的认识，完善自己的理解，使资料与自己的感悟有机结合，使自己更好地自主理解课文，避免盲目照抄。教师可利用学校里的阅读课时间，与学生共同去图书馆查阅资料，共同商讨选择，也可以在学习小组里让学生共同商讨，作出恰当的选择，在语文阅读实践活动中培养和提高学生的自主阅读自主感悟的能力。

（四）开展阅读实践，培养自主运用语文的能力和合作精神

皮亚杰说过，儿童如果不具有自己的真实活动，教育就不可能成功。事实证明，只有在语文阅读实践活动中，学生才能产生语文学习的心理需要，并将需要转化为学习动机，激发学生听说读写的兴趣和愿望；才能在"讨论解答问题"的情境中学好语文，用好语文。语文实践活动的内容应该多姿多彩，可以是读书活动、朗诵演讲、参观访问、编写手抄报、做读书贴、做读书卡，等等。采取师生共读一本书的形式也能提高学生的阅读兴趣。教师充分利用生活中的教育资源，让语文阅读教学焕发勃勃生机，使学生对语文学习乐此不疲，在各种语文阅读实践活动中，培养学生的自主阅读自主感悟的能力和学生间共同商讨合作的精神。

第三节　让学生在说话中表达童真

一、创设学生想说的课堂情境

小学低年级的孩子活泼好动，注意力持续时间短，学习总是从兴趣出发，因此上课遵循他们的学习心理，设计他们喜闻乐见的学习形式，如讲故事、打招呼、边做动作边读书、摘果子等，能让学生在快乐中学习，获得学习的快乐。

把自己当成了文中的人物，抓住提示语，体会他们说话时的心情和语

气,就可以帮助我们学好对话。为了激发学生的阅读兴趣,老师可以通过绘声绘色的讲故事,引导学生做动作,表演读、做游戏、角色体验等多种生动活泼的学习方式学习课文,不做任何繁琐的讲授分析,让学生在课堂有限的时间内尽情投入到扎扎实实的阅读、识字、写字之中。如针对童话《称赞》中抓住小獾和小刺猬的对话贯穿始终的特点,确定了读好人物对话的朗读训练目标;上课伊始就通过"摘生字苹果"的游戏和"质疑",了解学生本课学习的起点,把学生不会的、学起来有困难的确定为字词训练的重点和难点。这样引导孩子们在乐于表达的基础上,有利于突破文章的重难点。

在学习《称赞》一课时,师生的表现是这样的:

师:小獾正在学做木工呢,虽然做得很粗糙,但是你看它多认真啊,让我们代表小刺猬称赞称赞它吧!谁先来?

生:小獾,你做的板凳真好。

师:你能用文章中的语言来称赞吗?

生:你真能干,小板凳做得一个比一个好。

师:这句话的后面是什么标点符号?

生:感叹号。

师:对呀,感叹号说明你多热情啊,该怎样读呢?(抽生读)

师:给老师一个机会,让老师也来夸夸小刺猬,好不好?(师范读。)

师:谁能像老师这样读一读?(生读。)

师:你要能够竖起大拇指小獾就更高兴了!(学生竖起大拇指,读得绘声绘色。)

师:小獾听到你的称赞,一定高兴坏了。来,大家一起来学学她的样子读一读。(齐读。)

师:小獾的板凳做得一个比一个好,老师发现同学们听课也是一个比一个认真。来,给老师笑一个,老师发现你们的笑脸也是一张比一张漂亮!"一个什么比一个怎么样",我知道你也会说。来吧!同学们。

生：一个比一个大。

师：什么一个比一个大？

生：苹果一个比一个大。

生：树一棵比一棵壮。

生：屏幕一个比一个大。

师：你发现屏幕一个比一个大，真会观察。

生：射灯一个比一个亮。

师：你真棒，能够从我们会场里寻找资源。

生：你写的字一个比一个好。

师：谢谢夸奖。小獾的板凳一个比一个好，同学们的发言一个比一个精彩！

在这个片段中，我们可以看到，教学中由朗读指导自然过渡到语言训练，又由语言训练自然过渡到课文内容。而且，在语言过渡到语言训练的过程中，注意与内容感悟、情感激发紧密联系，做到了工具性和人文性有机统一，使得语言训练与情感熏陶相得益彰。

徐月老师在《放飞想象，规范语言》中写道：

苏教版二年级上册第22课《云房子》的第二自然段描写小鸟们造好了云房子，老师引导学生体会云房子的美好可爱，并让学生当一当小鸟造一造房子。而在下面课堂中展示的是另一种教学方式。

老师要求学生同桌互读描写云房子的句子，比比谁读得正确流利。

然后请学生把自己喜欢的句子读给大家听。学生说到"有的像大冬瓜那样傻傻地横着"时，及时追问"为什么喜欢？"引导学生体会到大冬瓜的样子是"傻傻地横着"很可爱，读出相应的情感。分步完成板书："有的像（大冬瓜）那样（傻傻地横着）"，让学生初步感知句子的特点。

学生说到"有的像花儿那样美美地开着"时，引导学生联系所看到的花儿开放的情景,体会花儿的美丽迷人,做动作表现花儿"美美地开"的情态,读好句子。分步完成板书:"有的像(花儿)那样(美美地开着)"。

"有很高的大楼房,有很宽的大礼堂,也有小的,小得只可以住进一只小麻雀。"分别通过联系学生生活实际和图片,帮助学生体会云房子的特点:高、大、宽、小。

接着老师诱发情趣:"小鸟造云房子了,你想造什么样的云房子呢? 你能用这样的句式来给大家介绍一下吗?"出示白云图和"我们的云房子造好了:有的像(　　　)那样(　　　),有的像(　　　)那样(　　　)",教师提示可以先说一句,学生练说后交流:"有的像小鱼那样悠悠地游着","有的像小猫那样懒懒地躺着","有的像蝴蝶那样翩翩地飞着"……老师打趣地说:"啊!天空成了动物园了,没有别的了吗?"学生受到启发后又说开了:"有的像大树那样高高地站着","有的像小草那样密密地挨着"……老师又插话:"动植物都有了,挺丰富,想想还可以有什么?"学生抢着说:"有的像大西瓜那样溜溜地滚着","有的像香蕉那样斜斜地挂着"……

在这过程中,老师在黑板上分步完成了板书:

有的像(大冬瓜)那样(傻傻地横着)

有的像(花儿)那样(美美地开着)

有的像(　　　)那样(　　　)……

"同学们能够连起来介绍你造的云房子吗? 如果只造了一种也没关系,其他同学造得好,你赶紧照着造一个就是了!"于是,学生开始胸有成竹地介绍自己造的云房子……

在本节课中,教师敏锐地意识到文章中用的比喻句与其他的比喻句不同,用叠词形象地写出了事物的情态。在教学时,注意通过内容的理解和形式的强调,让学生认识这一新的句式,并在想象说话时强化句式的运用,使学生在放飞想象的同时较好地掌握了规范的句式,学会了表达,内容丰富多彩,用词准确优美。

二、师生平等对话让课堂活起来

在小学语文教学中,我们要确立"学生是课堂生活的主人"的观念,看到学生的潜能,尊重、信任学生,热情地激励、鼓舞和唤醒,让学生自主地探究、合作、讨论,使课堂学习成为师生心灵彼此敞开融洽对话的过程,学习才真正能成为学生主动参与、快乐活泼的自主活动。

"对话"的双方应没有贵贱、高下、大小之分,权威的架子、命令式的语气会打消对方敞开心灵、情感交流的欲望,使"对话"中断。因此,民主、平等的氛围是"对话"的必要条件。

要创设民主的教学氛围,教师首先要放下"教师"架子,以真实又真诚的态度与学生交流,消除学生的疑虑,让他们敢与老师讲真话,乐于和老师讲心里话。有时候甚至可以设置一些"小错误"、"小失误",调动学生们的参与积极性。

一位老师在利用多媒体帮助一年级学生背诵课文时这样设计课堂:

师:同学们,老师给大家带来了《要下雨了》这个故事的动画片,想看一看吗?

(播放动画片,动画片只要图像,没有声音。)

师:(表情吃惊而又着急地)哟,上课前还好好的,现在怎么没有声音了? 这可怎么办呀?

(教师思索了一下,皱着的眉头舒展开了。)这么着,我们来给动画片配音,好不好?

生:好! 好! 好! (学生们激动万分,跃跃欲试。)

师:既然是配音就需要几位同学合作,现在就请大家自由组合练习给课文配音,注意你的语气、表情、动作。

(生自由组合,认真进行配音练习。)

师:下面配音比赛开始,哪一组同学先来?

(学生为动画片配音,现场气氛活跃,效果良好。)

这看似是教学课件出现故障,实则是教师的精心预设,借此激发起学生背诵课文的兴趣。给画面配音,从形式上来讲很新颖,从学生角度讲很符合一年级学生的需求——我可以表现自己,当一回配音演员。如此这般,枯燥的背诵在轻松愉快、饶有趣味的实践活动中得以达成,有不显痕迹之妙。

在学习《落花生》一课时,老师利用情趣对话,把习作方法贯穿在对话之中学习,效果良好。

师:这会儿尝了没?(学生摇头)还没呢!真正写尝花生的,看看课文结尾,就那么一句话。说花生做的食品都——

生:吃完了。

师:是呀,就那么一句。还写了什么事?

生:还写了议花生。

师:是。其实那天晚上我们是边尝边议,可是经过刚才大家的寻找,发现种花生、收花生、尝花生都是寥寥数笔,而议花生却用了那么多的笔墨。作者为什么要这么写呢?

生:因为议花生这件事让作者获得了终身受益的启示。

师:这是这篇文章的重点。重点的部分作者写得详细、具体,而次要的部分写得简略。这是这篇著名散文的第一个特点,你看咱们已经看出来了,就是主次分明,详略得当。咱们平时写文章也不能平均用力,也得分主次,主要的详写,次要的略写。

这个教学片断中,师生在学习课文的过程中,教师巧妙地设计对话,帮助学生总结出写作必须主次分明,详略得当,并提示大家,今后的写作也这样做,真正使课文成为例子。

三、鼓励让更多孩子大胆说起来

在小学语文课堂上,要让课堂"活"起来,首先得让学生主动"说"起来。作为小学语文教师,一定要尊重教育的客观规律,积极探索新的教学方法,努力提高学生的语文素养。当学生能在课堂上大胆地、积极地"说",师生之间形成积极互动的时候,也就是我们真正把课上到学生心里去的时候。相信,只要我们努力,我们的课堂教学就一定会收到一份成功的喜悦。

在下面这节课中,老师就是利用学生大胆的说话来帮助他们学会了查"无字词典"的。

天气预报说要下雨,太阳却出得老高,天气格外闷热,上午十点的时候,许多孩子的头发已经湿了,远远就能闻到他们身上散发出的汗味。我拿着书,走进教室,今天要带着孩子们开始第二课的学习《学会查"无字词典"》。这一课是引导孩子们理解词语意思,不仅要学会查有字的词典,而且要学会查身边的"无字词典";学习语言不仅要从书本中学,而且还要从生活实践中学。

昨天就布置孩子们带字典,为了通过一个词的意思查找,引导孩子们进入课文学习。这个词我还没有确定下来,准备到课堂上现场寻找。

刚进入课堂,就看到孩子们有的用小手不断给自己扇风,虽然开了电风扇,很多孩子的小脸仍然热得通红。于是,我在黑板上写了一个"热"字。"孩子们,请拿出你们的字典,查一查'热'字是什么意思?"顷刻间孩子们都拿出了字典,迅速进入查字状态,为的是抢先报告这个字的意思。

"老师我查到了。"文静举起了小手。

"好,你读给大家听听吧。"

"'热'的意思就是物理学上把能使物体的温度升高的那种能叫'热'。"文静读道。

听了文静的解释,其他孩子都懵了。我笑笑:"听不懂吧,似乎把本来很容易明白的事说得更不明白了,对吧?那么你们能够通过我们现在的情况说说'热'是什么意思吗?"

孩子们相互看了看,开始发表自己的观点:"'热'就是满头大汗,头上好像在冒热气。"

"'热'就是满脸通红,喘着粗气。"

"'热'就是开着电风扇还不觉得凉快,就想到空调房间里去。"

"'热'就是希望钻进水里去,好好凉快一下。"

……

孩子们的精彩发言还要继续,我接下了他们的话语:"是呀,经过你们这么一说,对'热'的理解就容易多了。你们都是通过自己的观察和感受说出了对'热'的理解,非常棒,你们所说的就是我们这一课要提倡的《学会查'无字词典'》。好,下面赶快看一看,课文里是怎样说的,已经看过的孩子请你就课文提出你不懂的问题,好吗?"

孩子们兴致勃勃地进入了课文学习,因为课前经过了预习,通读课文已经不是问题了,他们现在需要做的事就是对整篇文章进行质疑,提出自己的疑问,把问题写在黑板上,然后大家一起讨论解决。

十分钟过后,孩子们已经写了整黑板的问题,我们稍稍筛选了一下,选择了几个问题结合课文进行了讲解。最后一个问题,我们要解决丽君提的"树叶被太阳晒'蔫'了的'蔫'是什么意思"。之所以把这个问题放在最后讲,是因为通过孩子们对课文内容的掌握以后,学着课文的提法理解这个词语。

"好了,孩子们,经过了大家的讨论和学习,你们已经知道了'无字词典'和'有字词典'都很重要。现在,假如我们没有字典在手里,你们能够通过'无字词典'解释出'蔫'的意思吗?"

短暂的思考过后,有孩子开始回答。

"'蔫'就是树叶晒得很干的样子。"

"'蔫'就是树叶好像被晒死了似的。"

"'蔫'就是树叶都晒卷了,一点生命力都没有了。"

呵呵,看来孩子们对这种查"无字词典"的方法掌握得不错哟!

接着还有孩子补充:"'蔫'了的树叶只要遇到下雨或是晚上就又绿了,有了生命力。"

看着课堂上有几个孩子没有积极性,耷拉着脑袋,我问孩子们，能不能用"蔫"字说一句话呢？

想了片刻，有孩子说："我们班有的同学一上课就'蔫了'，下课铃一响顿时神气起来了。"说完，那几个没打起精神的孩子感到不好意思，开始正襟危坐了。

一节课，不但学会了课文，也学会了课文教给的方法，并能够灵活运用，可谓一举多得，课堂效果非常好。

根据学生成长、教育发展的需要，进行小学"情趣语文"的课堂教学，在和谐发展的思想指导下寻求启迪智慧的新思路，必将推进学科教育教学水平的提高，打造高效优质的语文课堂。

四、捕捉学生课堂亮点促进说话

在语文教学中，我们都会遇到一件非常棘手的事情，就是难以杜绝孩子们的错别字现象。无论是课上还是课下，我们都会反复强调，反复练习，但是有时效果不好，甚至出现反复。这位老师在课堂上帮助孩子们消灭错别字的教学片断，值得我们学习。

消灭错别字一招鲜

第一单元的测试，因为没有家庭作业，而且课堂作业本没有来，孩子们对于生字的训练仅仅局限在写字书的书写中。有的孩子不练习都会写，但是有的孩子却需要很多遍的加强训练才能掌握，这就是孩子们之间的差异，无法改变，也很难改变。而我，只能通过更生动、更直观、更易于接受的方法让孩子们学习生字，以最短的时间牢牢掌握生字。但是，实际情况还是有不少孩子出现了错别字，如同顽石，硬且重，你想搬走它实在是件难事。

第一单元的测试中，错别字现象很突出。在订正测试卷的时候，我让写错的同学上黑板把错误的字词正确地写出来。有一点可喜的是，上次在课堂上强调的"白云生处有人家"的"生"字这一次没有一个同学写错了，说明在课堂上动点脑筋，让孩子们记得牢记得清还是有办法的。

上黑板的孩子有六个孩子把"红领巾迎着太阳"中的"迎"写错了，这个字是我们一年级的时候学的，上课时也强调了，大概没有调动孩子们的积极思维，也没有激起他们的兴趣，所以接受能力慢一点的孩子就一直把这个字写错了。错误的类型分为两类，一种是把走之儿里面写成了"卯"，另一种是把走之儿里面写成了"卯"，并把"卯"的那一撇改成了"点"。错误一直在延续，我要想个办法让错误在今天终止。

我在黑板上一边写，一边开始讲故事："孩子们假如你的朋友来了，你们去迎接，他是不是很高兴呀？看到朋友的时候是不是高兴地张开臂膀拥抱你的朋友？这样做，你的朋友才会高兴，你才是热情好客的人，对不对呀？"孩子们都应和着："是。"

"但是。"我话锋一转。"假如你们是'迎'字中的'撇和竖提'组成的这个部件，你的朋友是边上的'卩'，如果你去迎接朋友的时候手里拿了一条鞭子（就是多一撇，我随手写出了这个组合），你的朋友还敢来吗？他还会喜欢你吗？"孩子们异口同声地回答："不会来，不喜欢。"

接着我又演示了多加了一点的写法："现在虽然你把鞭子丢了，但是你手里拿了一块石头——就是多的那一点，你的朋友还敢来吗？"有的孩子笑了："那朋友一定吓跑了。"我急忙说："是呀，这样欢迎朋友都是不对的，你们想想该怎样的呢？"

孩子们兴奋地站了起来，一边比划一边说："我们的手里不能拿鞭子也不能拿石头，我们应该张开双臂迎接朋友。"

"是呀。"我在黑板上写了一个大大的"迎"字。"孩子们当你们张开了双臂迎接到你的朋友的时候，就可以带着他往家里走了。"于是我又强调了这个"辶"。这时，再看孩子们，仿佛确实接到了自己的朋友，高兴极了。希望这个"迎"像那个"生"一样在孩子们心里扎下根。

应该是有效果的，本来小梁的这个字就写错了，结果昨天孩子们画的宣传画上有一个"迎"字，写字的孩子为了美观，把

"迎"字里面加了一个"心形",他就老是在下面嘀咕:"这个字写错了,这个'心'不就是那个石头吗?"看来,他已经能够活学活用了。

在测试中"奉献"的"献"字不少同学写错了,上黑板写还有人写错。这时,子荔站起来说:"你只要记住南边来了一条狗就可以了。"写错的同学一边念着子荔说的话一边写,这次没有一个孩子写错,相信有了子荔的这句话以后他们也不会写错了。

孩子们还给这个单元学的"愉"和"输"、"偷"进行了比较。他们编了一个顺口溜:"有车能运输,有人是小偷,有心才愉快。"短短的几句话把几个字清楚地区分开。有了孩子们的主动思考,接受一些生字并不是难事。

在课堂上抓住学生随时生成的闪光点可以帮助他们学习,一些及时发生的"小错误"如果老师"运用"好了,也能起到意想不到的效果。

"搬"与"拿"

学习《司马光》这篇课文时,我了解到司马光的故事孩子们在幼儿园时都听过了,只是对课文中的字、词、句的把握需要学习。所以,我选择了重点词句进行教授。当学习到"司马光没有慌,他搬起一块大石头,使劲砸向那口缸"的时候,我请孩子们通过朗读进行感悟。其中一个孩子把"搬"读成了"拿",就这个错误,我和同学们展开了讨论,我问同学们:"为什么要用'搬'而不用'拿'呢?"

生1:因为石头重,要用很大力气,所以要"搬"。而"拿"只是用很小的力气,拿的东西是很轻的。

生2:如果"拿"起一块石头,就很难砸破这口大水缸。

生3:用"搬"才能看出这块石头很大,而且要使劲。

生4:只有用大石头才能一下子就能把缸砸破,司马光才能用最快的速度救出缸里的孩子。

孩子们的回答从多个方面证明了这里只能用"搬"不能用

"拿",他们说得真好。为了帮助更多学生直观理解和辨析这两个字,我又和孩子们分别做了两个动作,找两个同学共同"搬"了一把椅子,再请一名同学"拿"一本书上台,这样进一步加深了学生对这两个词的理解,同时也从他们的讨论和活动中领悟出作者用词的准确性。

在课堂上抓住孩子们的一个"错误",开展了探究和实践活动,让孩子们说出自己的感受,很简单地让孩子们感受到作品中生动形象的语言,领会作者用词的准确,也认识到了司马光的机智勇敢,可谓一举多得。

第四节 让学生在习作中展示自我

一、尊重学生体验,树立学生写作信心

让生活情趣进入作文课堂,实现"生活"向"作文"的转化,作文就会成为儿童生活的有趣的组成部分。老师利用写作课堂开展各种活动,调动学生习作的积极性,给学生创设写作的机会与条件。学生在自由作文的过程中,不断巩固在课堂中学到的习作方法,自然而然就有了"习作充满情趣,习作就是享受,习作就是生活"的感受。

一位语文老师在三年级的第一次习作课上进行了这样的师生交流,为孩子们建立习作信心,培养良好的习作兴趣打下了坚实的基础。

在下面的这个作文教学案例中,老师不但能够带领孩子们走进生活,让他们在充分感受生活中写作,而且能够关注现实生活,随时调整自己的课堂组织形式,开展让孩子走进大自然仔细观察,然后全班同学集体汇报——大胆"说秋景",最后写秋景。这样写出来的作文出自孩子们的内心深处,不做作,不虚假,是真正地让孩子们"我手写我心",长期下去自然会培养孩子们的习作兴趣。

难以寻觅的"秋色"

《写作4》和《练习4》的教学要求中都有让孩子们写秋景的

任务,于是利用实践课,让孩子们利用秋叶作画。这个环节只能让孩子们发挥自己的想象力,做成自己心中的作品,对于写这篇习作作用不大。

在孩子们之前的说话训练中,他们除了把历年来课文中积累的有关秋天的丰收景象、果园景象说出来以外,没有其他的内容可说。大多数孩子提供的都是大雁南飞、菊花盛开、秋叶飘零。但是,这些和我们生活中的秋天几乎没有一点相似的地方,完全违背了我的习作要求:"在真实表达的基础上发挥想象。"于是,我设计了一节体验课,让孩子们亲眼去看看秋景,感受秋天再进行习作。

由于校园的范围实在太小,又不能擅自带孩子们出门,于是我组织孩子们上了六楼,希望通过登高望远的方式让孩子们观察秋景。没想到的是,楼上一米二的砖墙护栏,让一部分孩子根本看不到远处,一些勉强能够看到的也不能如成人一样极目远眺,让四处景色尽收眼底。我还是引导孩子们把看到的说出来,有孩子说:"我看到了菜园中一片片绿油油的白菜。"有的说:"我看到了一片荒草开始发黄了。"还有的说:"我看到了一位阿姨在收菜,那是秋天的收获。"虽然没有书上写的那种秋色,也没有那种盛大的丰收景象,但是毕竟亲眼所见。没有大的收获,我又组织孩子们走到操场里找秋色。

在观察前,我对孩子们说:"虽然操场的植物一年四季没有多大变化,但是只要仔细观察,耐心寻找,你们一定能够找到秋色的。"孩子们三五成群地去寻找秋色了,有的孩子拿起落叶闻了闻,有几个孩子围着一株女贞树在讨论着什么,还有几个孩子望着高高的香樟树,指指点点地不知道在说些什么。看来,孩子们个个对这样的体验活动都非常有兴趣。有这样的感受,作文就能写出新意,写出自己的东西来。

在体验过后的汇报中,孩子们兴趣很高,我的要求是说出自己观察到的东西,不是书上的或者是媒体上看到的。

"我看到了女贞树的叶子变红了,油亮亮的,边上的小刺更加坚硬了,像一把把带着刺的小扇子。"

"我看到地上落着的树叶,虽然还有点绿色,但是用手一摸就全碎了,原来它们已经没有一点水分了。"

"我看到了香樟树的叶子有的黄有的红,大部分都是碧绿碧绿的。树上还结满了黑色的种子,圆溜溜的,像一个个黑珍珠一样,落了一地。我捡了一颗种子闻了闻,气味居然是臭臭的,为什么香樟树的种子却是臭的呢?"

……

出自孩子们口中别样的"秋色",虽然没有书上那么语句优美生动,但是这是孩子们第一感受到的,不带有其他的影响,我很喜欢,期待着孩子们的作文中不要出现那些几十年不变的"农村丰收图",那些离我们的生活太遥远、语言也是上世纪的套话,不是我希望的景色。

难以寻找的"秋景",在孩子们真实的眼睛里有了别样的色彩,真好! 希望"霜叶红于二月花"!

实践证明,教育方式、教学平台、学生发展,这三者是紧密相关、相辅相成的。把情与趣有机结合,融为一体,贯穿、渗透到习作教学之中,通过充满情趣的手段和途径,就能充分调动师生的生活情怀、人生追求、光荣梦想,哪怕一些琐碎的细节,都能折射出我们的发展愿景和人生图景!

二、在模仿中培养写话兴趣

儿童的心中充盈着想象的激情,蓄积着创造的欲望,扑棱着翻飞的诗性。有人说,儿童是天生的诗人,因为他们有丰富的想象力和纯真的童心,在他们的脑袋里,永远盛开着诗的花朵。他们的思维并不复杂,所以能把无形化作有形;他们的储备并不丰富,所以语言没有过多的修饰……

叶丽华老师教人教版一年级下册《柳树醒了》有下面一段话:

"春天里,还有什么醒了呢?"一石激起千层浪,孩子们七嘴八舌地说开了。于是,教师不失时机地组织孩子们进行仿写,感受作者恰如其分的表达顺序和语言节奏——

　　春天跟大地说话了,说着说着,大地哟,醒了。

　　春风跟桃花说话了,说着说着,桃花哟,红了。

　　春天跟风儿说话了,说着说着,风儿哟,暖了。

　　春风跟小河说话了,说着说着,小河里的冰哟,化了……

　　就在这样愉悦的欣赏与交流中,孩子们的想象就像装上了风火轮一样,越传越快,越飞越远。

　　让儿童贴在诗的面颊上感受她的芬芳,然后慢慢地引领儿童到生活中,到情感世界里去,捕捉可以如诗的素材,引导它一点点完善,推动它成为一首情趣盎然的小诗。这便是童诗教学的魅力所在。片片诗意曼曼,这是一种载体,也是一种养育,养育目光、感觉和天真。

三、创新活动,引导学生乐于写话

(一)大胆创新,用拼音与图案来写话

　　记得一年级上学期,当同学们刚学完了拼音后,《语文园地二》中有一个"秋游"的"口语交际"训练,于是,我组织学生到附近的"桃花科技园",一边观察,一边搜集落叶标本。同学们兴致很高,半小时的自由活动后,都拿着自己的"战利品"不愿离开。看着孩子们留恋的神情,我突发奇想,说"现在请同学们按体操队形站好,就地蹲下。每人从地上拣一颗石子,在水泥地上用拼音写出你今天观察到的和最想对同学们说的话,好吗?"同学们兴致正浓,齐声道好。在短短的一分钟内做好各种准备,都埋下头去,开始写起来。我则在一旁巡视。五分钟过去了,有的同学开始急不可耐地举起他们的小手,抢着要说。在水泥路上,我清楚地看到有的同学写着:"wǒ kān dào le qīng qīng de zhú zī, zhěn hǎo kàn",有的写道:"hóng hóng de fēng yè xiàng shǒu zhǎng, wǒ yào bǎ tā sòng gěi mā ma"。还有的同学写:"cǎo dì biàn chéng le huáng sè, shàng miàn dōu shì luò yè"。哦!同学们完全可以用拼音表达自己所观察到的一切,而且写得很好。这件事提醒了我,回到学校,我就让每个同学准备了一个"写话本",

要求他们用拼音写出自己想要说的话,并且还可以用一些小图案来表示。通过这种做法,同学们不但慢慢学会了写话,并且对拼音的巩固学习也起到了很大作用。学生们入学一个月就开始写话,一直坚持下来,现在已经积累了好几本写话簿,这给他们的语言表达打下了坚实的基础。

(二)文尾续写,培养学生创新能力

课文中蕴含着极其丰富的可供学生进行创造性写话的资源,这是培养学生创新能力的重要阵地。两年来,我利用文尾续写的方法,选择一些文章,让学生在学习课文以后续写,对课文内容进行拓展和延伸。例如学习《假如》这一课时,我让学生续写《假如我有一支马良的神笔……》,班里的同学有的写"假如我有一支马良的神笔,我要为妈妈画一个机器人,帮助妈妈做家务,使妈妈不再那样劳累。"有的写"假如我有一支马良的神笔,我要为学校画一个美丽的操场,让我们全校的同学有体育游戏的场所。"还有的写"假如我有一支马良的神笔,我要在学校门前的马路上画一座天桥,使同学们过马路不再有危险。"通过文尾续写,同学们不但学会了写话,还学会了关爱别人,处处替别人着想,对课文的理解也更进了一层,听课注意力集中多了。

(三)开展活动,拓宽写话训练的渠道

教师要引导学生开动他们的多种感官,提供实践机会,让学生在实践活动中提高语言表达能力和创新能力。想学生能写好作文,老师不仅要多动脑筋,而且要多动手,动脑筋想办法带领孩子们开展活动,动手与同学们一起尝试,一起实践。两年来,我带孩子们跑遍了周边的"明珠广场"、"翡翠湖"、"科技园"、"三联学院"……在游玩中,培养学生观察能力。观察后,我们就地开展"我找到了美"、"我是文明小游客"等口语练习活动。在观察与口语训练的基础上再进行写话,这样学生就能"文之有物"了。

同时,我们班级和学校开展的一些活动,我会带领学生们积极准备,热心参与,和孩子们干在一起,乐在一起。"六一联欢会"上,我和孩子们合作表演了"戏曲联唱",博得观众的热烈掌声,孩子们兴奋极了。活动

过后,我先谈感受,说场面,然后请同学们谈感受,说场面,同学们在我的带动下自然不甘示弱,争先恐后说不完。有了这些丰富的班队活动和学校活动,同学们写话还愁无话可说吗?

(四)评优激励,激发新的创新动机

在写话教学中,我把激励贯穿于各个教学环节。从观察入手,对于那些善于观察、留意观察的孩子,不断地给予鼓励,并引导其他学生学习他们的观察方法。口头表达时,我更是运用各种方式方法,激励学生大胆表达,创新表达。我经常采用"小组竞赛"、"辩论会"、"我是推销员"、"我是优秀小导游"等形式,培养学生口语表达的兴趣,有话可说,自然就有话可写。

"日记本"也是我和学生"心与心交流"的阵地。每周一是我最快乐的一天,因为今天我要读全班同学的日记,同学们一个个向我敞开心扉,展示最完美的写话技能。这天我充实,但也最辛苦,因为每一篇日记后面我都要对孩子们写话上的一点点进步进行挖掘,加以夸奖,还要引导下一步应该怎样努力。日记评分,我从来都愿给高分,然后再送一张"☺"。孩子们每周也盼望着拿到我批改后的日记本,看到他们那一张张自信的笑脸,我心里有数:孩子们下篇日记一定会写得更好!

通过我的不断激励,让学生树立"我能写"、"我能写好"的自信心,从而激发学生新的创作动机,使写话教学步入良性循环的轨道。

如果我们正确而全面地认识儿童玩的意义和功能,并且能安排内容丰富、积极向上的玩,那么我们的习作课就会适合学生,孩子们就会饶有兴趣地在玩中学、做中学、学中做。让游戏激活学生习作的情趣,获得真切的生活体验和认识,切实提高他们的书面表达水平。

四、适时点拨引导,降低习作难度

课堂激活学生的主体意识,让学生内在的情感驱动写作的欲望,让学生在最自然、最活跃、最无羁的状态下开启写作的闸门。这样的活动情境,有效驱动了学生的潜在兴趣,为学生写作开启了大门,这是主体意识驱动下精心策划的结果。以教师的主导性语言触动学生心灵深处的感恩

之心,感激之情,在习作时才能情动辞发,真情表达。

泣不成声的课堂

学习《母亲的恩情》一课,课堂上进行了启发,孩子们谈了感想。针对本单元的感恩主题,我们要写一篇《妈妈,我爱你》的日记。昨天学了课文以后,孩子们意气风发,非要再做一张关于妈妈的手抄报,我只好答应了,他们就是想通过这次比赛能够崭露头角。虽然他们满腔热情,表达出来的,无论是语言还是图画,还有回家的实际行动,都没有达到我想要的效果。

孩子们感受不到平时妈妈所做的一件件小事就是伟大的母爱,也不能用平时的听话和行为来报答妈妈的爱。他们总认为,妈妈的爱表现在自己生病的时候,家里遇到大事的时候。而他们要感恩也就是在妈妈的生日或是几个节日里,或者是等到自己学业有成,等到自己长大了来报答妈妈。其实,感恩从身边的小事做起,从每一天做起是最关键的。但是,他们不懂。

怎样再做一次拓展? 给孩子们上一节生动有效的"感恩教育课",打动他们,让他们发自内心去孝顺妈妈、理解妈妈呢,还是让他们写一篇真情实感的日记送给自己的妈妈呢?

纠结了一天,我决定课文的拓展还要再来一次,对于母亲的恩情,和我们应该怎样报恩必须让孩子们更加明确。

上午,我突然想到了一种教学设计。

课堂上,我首先打开了话题:"孩子们,我们已经学过了很多表示动作行为的词组了,那么通过你的观察,能不能大家比赛说说你知道有哪些家务事呢?"孩子们一听要比赛,顿时来了精神,大家都争先恐后地抢答,生怕把他落下了。

"扫地、洗衣服、拖地、买菜、烧饭、擦玻璃、叠被子、晒衣服、帮我洗头、帮我洗澡、整理屋子、打扫厨房——"孩子们不断地补充,一共说到了 29 项家务事。

我说:"好了,先说这么多吧? 还有很多我们就不再说了。老师把这 29 项家务事写在黑板上。请你们看一看,你会做哪一样？是天天做呢，还是只做了一两次？"

刚才还是群情振奋的孩子们立刻没有了声音，许久才有几个孩子举起了小手。我把他们一一叫了起来，统计了一下，这29项家务中只有六个孩子会做3样，持续每天做的孩子只有2个。我把数字列在了黑板上，反问他们："哎呀，孩子们，你们家的这些事你们只做了这一点，那其他事都是谁做的呢？"他们异口同声地回答："是妈妈。"

我故作震惊："你们的妈妈每天能做这些事吗？那不要上班了吗？"

"不是呀，妈妈还是上班的。"他们一起反对我的说法。

我马上走到刚才说自己做三件事的孩子面前问他："请问你做这几件事觉得辛苦吗？"文多说："辛苦，本来我会洗碗的，但是太麻烦我就不干了。"其他孩子也补充说："冬天冷了，妈妈怕我们冻着不让我们洗碗。""是呀。"我接过孩子们的话："妈妈怕我们冻着，她们不怕冷吗？"

沉默，孩子们陷入了思考状态。

趁着教室里鸦雀无声，孩子们陷入沉思状态时，我轻声地进行了旁白："孩子们，每天清晨，当你舍不得从被子里起来的时候，你是否想过妈妈早已起床，烧好了早餐，打扫了房间，就等着你起来吃早饭了？"

我慢慢地在教室里踱步，一边轻声地说着："孩子们，当你不愿意吃早饭，在校门前惹得妈妈生气的时候，你有没有想到，妈妈因为你，早饭也没来得及吃，而她马上还要去单位里工作，也可能是从事非常繁重的劳动。孩子们，当你气呼呼地走进学校，有没有回头看看妈妈脸上的难受，甚至挂着的泪珠，那是因为你不听话引起的痛苦。"

说到这，开始有孩子把头深深地埋进了胳膊里，悄悄地趴在桌子上了。孩子们的脸上充满了歉意和难过。我没打算就这么结束，继续一边思考一边说着。

"孩子们，当你每天趴在地上玩耍把衣服弄脏弄破，你有没有想过，再冷的天，妈妈从来没让你穿着脏衣服上学，而她每天洗衣服的手冻得通红，甚至烂了，你是否看到，你是否心疼过？"开始有孩子发出了哭声，再看看几个调皮的孩子，眼睛里含着泪，看着我，一点表情也没有，热切地等待着我继续往下说。我今天是不是充当了一回牧师，对孩子们进行心灵的洗礼呀？那就再说一段吧。

"孩子们，你们家里每天在厨房里做菜最多的是妈妈，而她却是吃得最差最迟的，总希望把最好吃的让给你们。每次你们想买好吃的东西，妈妈一点也舍不得吃，要把这些省给你们吃。妈妈付出的最多，得到却最少。"

这时，教室里居然哭声一片了，这次再没有孩子大惊小怪，大家都在思考自己的所作所为。把情感再继续升华一下，于是又想了一段，对孩子们说。

"可爱的孩子们，每天晚上你们睡觉的时候是不是看到妈妈仍然忙碌的身影？冬天妈妈接送你上学放学时，你有没有看到妈妈的脸上和嘴唇已经被风吹得干裂？你们是否看到妈妈的手是粗糙的？妈妈的头发已经开始发白？妈妈每天要忙着挣钱，还要做很多家务。还有很多孩子还要妈妈陪着写作业，动不动和妈妈生气，不听妈妈的话，让妈妈欲哭无泪。做这些事情的时候，你们有没有想过妈妈对我们的恩情？"

此时，班里有一半的孩子已经哭得稀里哗啦了。特别是几个平时调皮的男生，坐在桌边，一动不动，任由泪水从脸上滚落，也不擦，也不低头，就这样傻愣着。

我不再继续说下去，给他们一点时间，让他们好好反省一下。

教室里慢慢安静了下来。此时，千言万语已经无需再说，他们的内心已经受到了震撼，应该有所触动了。

短短的五分钟过后，孩子们的心理活动应该是恍如隔世。

我打破了沉默，"孩子们，此刻你们最想对妈妈说什么呢？"

大家似乎不需要举手了，自发站起来说，有的孩子还在抽泣。

小贺首先说："今天中午就回去帮妈妈做家务，我会做的，以前就是懒。"

小梁说："我以后再也不惹妈妈生气了，回家就写作业。"

祁程说："我一直都不听话，从今天开始我要听妈妈的话了。"

吕登永急了，站起来说："我妈妈经常晚上加班一夜不睡，我以后要好好学习，不让妈妈生气。"

萧萧说："妈妈每天都很辛苦，我以后要认真学习，认真做事，还要带妹妹，让妈妈安心做家务。"

孩子们都迫不及待地说出了自己的感受，一节课很快结束了，他们似乎意犹未尽。下课铃响了，我对孩子们说："妈妈对我们恩重如山，其实她们对我们要求不高。从今天开始，你们可以很简单地报答妈妈的恩情，就是惹妈妈生气的事不要做，自己独立完成作业，认真读课外书，这就是对妈妈最好的回报了。今晚写一篇《妈妈的爱》送给你们的妈妈，好吗？"

孩子们当然都会信誓旦旦地说能够做到，我知道能够做好的孩子不会太多，但是，这节课将会一直记在他们的心里。

希望这样的教育在孩子们心中扎根。

在这节课上，老师关注学生的情感体验、价值判断，随时随地去呵护、引领、激励、提醒，给予孩子浓浓的人文关怀，触动了孩子们内心深处的"感恩"之弦，真情之作一定能够产生于孩子指尖。

五、教师及时评讲，点燃习作激情

关于作文教学，教师一般总是花比较多的精力用在指导学生怎样写上，而忽略了学生写作后修改的指导。而一篇文章真正意义上的完成，应在作文评讲之后。因为它能使学生明确认识到自己作文中的优缺点，在比较和修改实践中提升作文水平。既然评讲是作文教学的一个重要组成部分，是提高作文教学效果的重要组成环节，那么如何评讲才能收到好的效果呢？这就需要我们花力气去调动学生自改互改的积极性，动脑筋去帮助每一个学生体验到创作的乐趣，激发学生提高写作水平的自我需求。

　　从本学期开始，我开始了一种新的作文评讲课。在评讲课上，我是听众，学生们扮演主讲、主评的角色。几次实践以后，让我很欣然于这种教学方式。例如，在进行教学《习作6》看图写作文时，我就运用了这种方法，先布置孩子们预习这篇作文，然后老师找范文朗读并略作习作指导，请学生们打作文草稿。

　　以前在改作文草稿时最头痛，一个个当面改既浪费了时间，给学生的印象也不太深刻，而且有时存在的通病，老师改的时候发现的问题，到了评讲的时候就忘了。本学期，由于班级人数不多，我就采取了学生当堂评讲作文的方式，让孩子们都上讲台上大胆读出自己的作文。（这一项活动杜绝了有的学生很马虎，写出了不通顺的文章就交给老师改的做法。）一篇作文学生自己能够上讲台读通了，基本上语句通顺这一关就过了，而且孩子们在自改中得到了自育的效果。

　　接着就是让他们展示自己的作品了，其他孩子当听众，其实也是当老师。为了让所有孩子都认真倾听，仔细辨别，我要求每个孩子必须参加点评。在具体操作时，让平时写作能力有差距的、语言表达能力差一些的孩子先点评，让写作能力好的最后点评，这样就避免了基础差的孩子思想懒惰，指望别人"喂着吃"的局面。更主要的是，在课堂上孩子们接受知识通常是自己亲自"烧"的吃下去"营养易于吸收"，而别人"喂"的会"酒肉穿肠过"。

　　在点评中要善于调动所有孩子当"老师"的积极性，这就需要在过渡和引导时要肯定孩子们所发现的每一处需要评点的细节。其中，包括写作的各种要素：字、词、段、篇，甚至标点符号，任何一个小小的发现都应该给予孩子们充分的肯定。

　　这样不仅仅坚定了点评者的信心，其实是让还未参加点评的同学有更大的自信心，积极参与到点评之中。在整节课上老师虽然是主导，但是要把这节课上到让每个孩子都受益，让每个孩子的写作能力都能提高，其实很难，所以要一直不断地进行摸索。

在点评的同时，我们更要保护小作者的写作热情和动力，因为无论什么样的写作教学形式最终的目的都是让孩子们写好作文。所以，在其他点评者言辞过激、点评不切实际时，一定要适时挽回。老师在整节课要时时把握节奏，作出正确的导向，及时评价，随时评价，时时激励，全程激励，评价学生认识生活、体验生活、描绘生活的过程，评价学生习作体验的过程，评价学生修改文章的过程等。评价时本着开放的评价观念，把评价的激励纳入全程，调动起学生习作的积极性，促进学生的发展，慢慢带领孩子们步入热爱写作、乐于写作的殿堂。